Vente du Mardi 1er Juin 1926

HOTEL DROUOT, SALLE N° 10

AUTOGRAPHES
DOCUMENTS ET
LIVRES ENRICHIS
D'AUTOGRAPHES

N° 78 du Catalogue.

SIMON KRA, 6, Rue Blanche, PARIS (IXe)

Codes : Liber ou Bentley   Tél. ; Trudaine 41.85

AUTOGRAPHES
DOCUMENTS
ET LIVRES ENRICHIS
D'AUTOGRAPHES

Conditions de la Vente

La vente sera faite au comptant. Les adjudicataires paieront 19 1/2 % en sus des enchères. M. Simon Kra se réserve le droit de diviser ou de réunir les numéros.

AVIS

L'authenticité des autographes est garantie.

La collection sera visible chez M. Simon Kra, 6, rue Blanche, pendant les huit jours qui précéderont la vente. M. Simon Kra se chargera des Commissions qu'on voudra bien lui confier.

ABRÉVIATIONS
employées dans le présent catalogue

L. a. s.	= Lettre autographe signée.
n. a.	= non autographe.
L. s.	= Lettre signée.
P. s.	= Pièce signée.
n. s.	= non signé.
S. l.	= sans lieu.
S. d.	= sans date.
S. l. n. d.	= sans lieu ni date.
ens.	= ensemble.
ms.	= manuscrit.
pp.	= pages.
†	= mort.
obl.	= oblong.
demi-mar.	= demi-maroquin.

Jacques Jasmin.

N° 77

Sir Charles Lyell.

N° 17

Camille Montagne.

N° 120

Le comte de Montlosier.

N° 122

CATALOGUE

DE

LETTRES AUTOGRAPHES

et de

DOCUMENTS HISTORIQUES

dont la vente aura lieu à PARIS

Hôtel Drouot, Salle n° 10

LE MARDI 1ᵉʳ JUIN 1926

à 2 heures précises

<table>
<tr><td>COMMISSAIRE-PRISEUR</td><td>EXPERT</td></tr>
<tr><td>Mᵉ ANDRÉ DESVOUGES</td><td>M. SIMON KRA</td></tr>
<tr><td>26, rue de la Grange-Batelière,</td><td>6, rue Blanche,</td></tr>
<tr><td>PARIS</td><td>PARIS (Tél. Trudaine 41-85)</td></tr>
</table>

AUTOGRAPHES

DOCUMENTS HISTORIQUES
ET LIVRES ENRICHIS D'AUTOGRAPHES

1. — **AMÉRIQUE.** — **RECLUS** (Elisée), géographe, auteur de la célèbre *Géographie universelle*, (1830, † 1905).

L. a. signée, s. l. (Louisiane ?) 4 p. in-12, écriture très serrée (1ʳᵉ page légèrement tachée).

Dans une étude très approfondie sur l'Amérique, *Reclus* donne des conseils à un ami qui a l'intention de s'établir aux États-Unis. Les quelques passages cités ci-après feront comprendre le très grand intérêt de cette superbe lettre.

« L'Américain ne subtilise et ne bichonne pas son argent comme cet ignoble bourgeois français ; il le conquiert *per fas*, souvent *per nefas*. Le commerce est une guerre, et dans cette guerre le jeune peuple américain a porté tout l'entraînement des âges héroïques ; il en est maintenant à sa guerre de Troie, mais sa poésie enfantine célèbre le choc des piastres, et non celui des épées... Ne pensez pas à vous établir dans les États du littoral de l'Atlantique, à New-York ou à Boston ; la population y est trop considérable et la concurrence effrénée. Allez plutôt dans l'Ouest, aux environs de Saint-Louis ou de Chicago. Là, le climat est sain, la terre est encore à vil prix et les villes s'élèvent comme par enchantement. Achetez-vous une petite ferme, etc... L'homme le plus populaire aux États-Unis, c'est le plus riche ; en France c'est le plus envié. Et l'on dit que les Américains ne sont pas poètes ! Hélas, ils ne le sont que trop. »

2. — **APOLLINAIRE** (Guillaume de Kostrowitsky, dit), littérateur.

L. a. s. à un ami, s. d. (1908), 4 p. in-12, enveloppe.

Lettre des plus curieuses à cause de la valeur personnelle qu'il s'y attribue.

« Vous préparez une anthologie. Vous n'ignorez pas que nonobstant une absence presque complète de sympathie venant des revues et des gens en place, j'ai réussi à prendre un rang honorable (peut-être plus même) parmi les poètes de ma génération. Et cela, sans livre, sans argent, avec le souci constant du lendemain. Vous me dédaignerez peut-être, mais l'avenir ne me dédaignera pas, pensé-je. Je viens de renoncer à tout ce qui n'est littérature et j'ai un besoin urgent de gagner ma vie. »

ON Y A JOINT une lettre aut. du même auteur signée de son vrai nom : Cte *Kostrowitsky*. 4 p. in-8, plis fatigués et raccommodés, en-tête : Hôpital du gouvernement italien, quai d'Orsay, Paris.

« Je vais beaucoup mieux. On doit me montrer à l'Académie de Médecine car il paraît que les cas comme les miens se comptent et intéressent infiniment ».

Les lettres portant cette signature sont très rares.

3. — APOLLINAIRE (Guillaume).

L'EMIGRANT DE LANDOR ROAD. — Pièce de vers aut. s. 2 pages in-1, ayant servi à l'impression. 13 strophes de 4 vers.

> « Le chapeau à la main, il entre, du pied droit,
> Chez un tailleur très chic et fournisseur du roi.
> Ce commerçant venait de couper quelques têtes
> De mannequins vêtus comme il faut qu'on se vête. »

4. — AUGEREAU (Pierre-François-Charles), maréchal de France.

L. s. à BARRAS, an VI, 1 p. in-8°, sur papier à en-tête imprimé *d'Augereau*, général en chef des Armées de Sambre-et-Meuse et Rhin-et-Moselle, ornée de la *grande et* JOLIE VIGNETTE.

Il envoie son aide de camp à Paris pour surveiller les agents employés à l'habillement, équipement, etc. : « Le Commissaire ordonnateur se plaint avec raison qu'aucun des objets qu'on luy annonce ne luy parviennent pas ou du moins en quantité suffisante... »

5. — BALUZE (Etienne), célèbre historien et paléographe, né à Tulle, (1630, † 1718).

Lettre aut. signée en tête de la lettre (en latin), à l'astronome *Jean Hevelius*. Paris, 1685, 2 p. 1/2, in-4 avec suscription. (*Rare*).

(VOIR LA REPRODUCTION, PAGE 3).

Très belle lettre. « Je dois beaucoup à ton humanité et à ton indulgence, homme illustre ! qui, non seulement n'as pas voulu m'avertir d'avoir été impoli envers toi, mais qui m'as envoyé ensuite ton œuvre intitulée : l'*Année climatérique*, en y ajoutant de grands éloges. Ajoute que, avant cela, tu m'as fait tenir ton Histoire de la Comète qui est apparue en l'année 1682 dans notre univers, que m'a donnée en ton nom l'homme excellent et rempli de la connaissance de toutes choses : Ismaël Bulliaud. J'en viens maintenant à cet office que tu me prêtes, homme excellent, dans le versement des six mille livres que Jean-Baptiste Colbert, le grand protecteur des savants, a obtenues du Roi, en dédommagement de l'incendie de ta maison, ce que tu attribues à mes soins et à ma sollicitude. J'ai fait seulement ce que tu m'as demandé, et j'ai averti ce grand homme ; il a reçu cette requête comme il avait coutume de recevoir ce qui lui était suggéré par des hommes illustres par leur érudition. »

6. — BALZAC PROPRIÉTAIRE, par Champfleury, 1875, in-18 br. avec plan des Jardies. *Extrêmement rare*, tiré à 150 exemplaires.

ON Y A JOINT : *a*) Les coupures de l'article *Balzac propriétaire*, publié en 1875 par Champfleury dans l'*Evénement* et réunies par lui dans un cahier avec titre écrit de sa main. *b*) Deux lettres a. s. de CHAMPFLEURY, parlant de *Barbey d'Aurevilly* et de *Hoffmann*, ens. 2 p. in-12.

7. — BANQUE DE FRANCE.

Lettre a. s. de Martin-Michel-Charles GAUDIN, DUC DE GAÊTE, ministre,

1685 aug.

Clarissimo viro & celeberrimo astronomo Ioanni Hevelio
Stephanus Baluzius Tutelensis S. P. D

Multum debeo humanitati ac indulgentiæ tuæ, vir clarissime, qui
non solùm noluisti advertere me inurbanum erga te fuisse, sed
præterea postremum opus tuum, quem inscripsisti annum
climactericum, ad me misisti cum insigni elogio. Adde quòd
antea ad me destinaras historiolam cometæ qui anno
MDCLXXXII. apparuit in orbe nostro, quam mihi tuo nomine
dedit vir optimus & plurima bonarum rerum cognitione
instructus Ismaël Bullialdus. Vides ergo, vir clarissime, quot
tibi nominibus obstrictus sim, quantas tibi grates debeam. Et
tamen his agendis supersedeo ut te rogem ne, quod mihi
jam præstitisti, ullam rationem habeas tarditatis &
indiligentiæ meæ : qui duabus epistolis tuis provocatus, tum
honoratus judicio tuo, hactenus nihil rescripserim. Habes
confitentem reum. Illud ergo postulo, ut in hac mea culpa,
quam fateor magnam fuisse, tui similis ille semper velis. Sic
enìm fiet ut eam mihi facilè condones.
Venio nunc ad officium tibi à me præstitum, quod tu, vir
optime, in immensum extollis, ad solutionem nimirum six
millium libravum quas tibi dari ad solatium incendii
domus tuæ à Rege obtinuerat magnus ille studiorum
fautor Ioannes Baptista Colbertus, quam verò tu curæ

BALUZE. — Nº 5 du Catalogue (Réduit).

et *fondateur de la Banque de France* (1756-1841), adressée au comte de (Villèle ?), 1824, une p. in-4, accompagnant une *note confidentielle*, ms. non a. 6 p. in-fol.

L'attention publique a été tout récemment attirée vers le fameux financier *Gaudin, duc de Gaëte* qui, au début du XIXᵉ siècle, dans des circonstances où les finances nationales étaient dans un état aussi embarrassé que celui dans lequel elles se trouvent actuellement, préconisa plusieurs sytèmes dont l'application tira la France de sa périlleuse situation. Dans cette lettre il prie le destinataire de « jetter les yeux sur la note *confidentielle* ci-jointe ; j'obéis à la consigne d'une sentinelle avancée en signalant le danger du plus loin que je crois l'appercevoir. » La *note confidentielle* propose de prendre diverses mesures pour remédier à une crise financière analogue à celle que nous traversons, entre autres l'établissement d'une « *Banque de Circulation* soumise à des obligations diverses qui se lient étroitement entre elles, dont le premier devoir est de soigner particulièrement le crédit de ses billets, sans lequel ses secours au commerce seroient illusoires. Ce crédit repose essentiellement sur la solidité de son portefeuille et sur le maintien d'une réserve en numéraire suffisante pour assurer, à présentation, le remboursement de ses billets ; cette réserve doit être communément du tiers ou quart du montant des billets en circulation. »

Ce projet n'était autre chose qu'un remaniement de la constitution de la Banque de France, instituée le 11 février 1803, et dont le privilège avait été prorogé jusqu'en 1843. Les mémoires du duc de Gaëte furent publiés en 1826 et viennent d'être réimprimés.

8. — **BARBEY D'AUREVILLY** (Jules), romancier, né à Saint-Sauveur-le-Vicomte, (1818, † 1889).

LITTERATURE. LE VICE SUPREME, par *M. Joséphin Péladan* ; article autographe n. s., 1884, 9 pages in-fᵒ dont 7 au crayon (fixé) et deux à l'encre (plusieurs couleurs).

Article célèbre paru dans le *Constitutionnel*, où il causa une vive sensation, et que Joséphin Péladan plaça en tête de son livre, en guise de préface. Le présent manuscrit contient la totalité de l'article, *au brouillon*, avec les deux premières pages seules recopiées au net par l'auteur. Cette superbe pièce constitue une rareté exceptionnelle parmi les autographes de Barbey d'Aurevilly, à cause des pages de brouillon, ordinairement détruites lorsque l'écrivain les avait recopiées et calligraphiées. On y voit de nombreux passages, entièrement remaniés ou supprimés, dans le texte édité.

9. — **BARBEY D'AUREVILLY** (Jules).

A CLARA, pièce de vers aut. signée (*J. B. d'A.*). 1 p. 1/2 in-fᵒ, à l'encre rouge et noire.

Splendide pièce composée de 8 strophes chacune de 8 vers.

10. — **BARRÈS** (Maurice), député, littérateur, né à Charmes, (1862, † 1923).

Manuscrit a. s. de 2 p. in-4, avec ratures et corrections autographes.

Cet article, écrit pour être la préface d'un livre de M. Louis Merlet, *n'a jamais été publié* ; en voici les premières lignes : « L'auteur me demande une préface. C'est que je connais les pays qu'il a traversés. Je suis né en Lorraine où j'ai encore la maison de mes parents et je passe chaque année un mois en Alsace où j'ai de précieuses amitiés. » Plus loin, Barrès pose la question, et y répond : que pensent de la France et de l'Allemagne les Alsaciens et les Lorrains ?

11. — **BASHKIRTSEFF** (Maria), célèbre peintre et écrivain russe, née à Gavrontsi (district de Poltava), en 1861, † 1884.

1 Septembre 1875 — *1* — *Paris*

Ma chère Berthe, je réponds à votre lettre, de Paris où je suis depuis 3 jours, ma mère est restée à Schlangenbad ne l'envoie. Mme votre mère est bien bonne de penser à moi et il me tarde de la connaître. Je suis ici avec ma tante Mme Romanoff, je crois que vous la connaissez. Que je voudrais passer quelque temps dans la même ville que vous, nous pourrions au moins nous voir. C'est ennuyeux de se voir une ou 2 fois par an, échanger quelques mots et puis être de nouveau l'une à un bout du monde, l'autre à l'autre. Écrivons nous toujours, depuis notre premier séjours à l'Étranger, je vous ai rencontrée dans notre tendre enfance, j'ai été toujours attirée vers vous et quelque chose me dit qu'un jour nous serons plus liées que nous ne le sommes maintenant. Nous sommes au grand hôtel N° 281. Au revoir, ma chère, pensez de moi ce que je pense de vous. Bonjour.

Marie Bashkirtseff.

BASHKIRTSEFF (Maria). — N° 11 du Catalogue.

a) Six lettres a. s. (en français), à sa tante, à sa mère, à Mlle B., à Julien et à

M. J. K. F., artiste sculpteur. Rome, Paris et Poltava, 1876-1884, ens., 15 pages in-4 ; taches et quelques déchirures raccommodées.. (*Extrêmement rare*).

Ces lettres sont des copies autographes signées de la main de l'auteur et conservées par elle-même, probablement en vue d'une publication. — Description de l'Opéra à Rome. « J'aime ces haies humaines ; ces milliers d'yeux noirs qui me regardent, me sont une distraction convenable... Cet hiver à Rome, j'ai été demandée en mariage par un Anglais et deux comtes italiens. Mais j'ai toujours refusé. Ils m'aimaient mais je ne les aimais pas. Voilà l'affaire. » A Poltava : « Hier, pour la fête de mon père, grande ovation ; ça a été à moi d'être portée en triomphe. Gambetta à Cahors, enfin ! »

b) Une lettre a. s. à Mlle Berthe... Paris, 1875, avec deux lettres incomplètes au verso, à sa tante et à sa mère, et un fragment ms. n. s. ; ens. 6 p. in-4. (VOIR LA REPRODUCTION, PAGE 5).

c) Fragment de son *Journal* ; 1873-1883-1884, ms. aut. une page in-f° avec signature (M. B.) et 8 p. in-4 n. s.

Visite du sculpteur Carriès. « J'étais seule, mais je l'ai reçu, parce qu'il demeure très loin ; C'est une dépense de fiacre. Et puis, dans l'atelier, j'ai là justement mes esquisses en terre ; il en reste très étonné ; vous êtes née pour faire de la sculpture. » Son admiration et son étonnement ont un air si sincère que je suis très contente. Je lui joue de la mandoline ; j'en suis ravie... Je suis de plus en plus convaincue que je devrais écrire. C'est un besoin invincible ; cela n'est non seulement naturel mais indispensable. O divine puissance de l'art. O sentiment céleste et incomparable qui vous tient lieu de tout ! »

12. — BAUDELAIRE (Charles), poète (1821, † 1867).

DOSSIER RELATIF AU PROCÈS DES « FLEURS DU MAL », cinq pièces et un titre aut. s. (le nom de Baudelaire figure plusieurs fois). (Légers raccommodages).

a) « Copie d'une lettre de M. *Emile Deschamps* à M. Charles Baudelaire. Versailles, 1857. »

b) « Copie d'une lettre de M. *Gustave Flaubert* à M. Ch. Baudelaire. Croisset, 1857. »

c) « Copie de ma lettre à M. le Ministre d'Etat, après que j'ai eu connaissance de la saisie des *Fleurs du Mal.* » (VOIR LA REPRODUCTION DE *c)*, PAGES 8 et 9).

d) Plan de plaidoicrie ; principaux arguments.

e) Suite du n° précédent.

Ensemble, 11 pages in-f° ENTIÈREMENT DE LA MAIN DE CHARLES BAUDELAIRE.

Précieux dossier constitué par Baudelaire lui-même en vue de sa défense lors du célèbre procès qui lui fut intenté à cause de la publication des *Fleurs du Mal.* Sur le feuillet de titre, le poète a inscrit ces mots : *Articles relatifs aux Fleurs du Mal. Lettres, Notes et Documents pour mon avocat. Plan de Plaidoirie. Pièces incriminées, sommaire de mon interrogatoire et ma justification devant le juge d'instruction.* Sur la copie des lettres d'Émile Deschamps et de Gustave Flaubert, il a ajouté les mots : *Il n'était pas encore question de saisie.* Dans la lettre au ministre d'État, Ch. Baudelaire fait ressortir l'importance des articles élogieux que lui a adressés le *Moniteur* au sujet des *Fleurs du Mal.* « M. Édouard Thiéry, avec une prudence vraiment louable, a fait bien comprendre que ce livre s'adressait à un petit nombre de lecteurs. » Il lui rappelle que « Madame Aupick (sa mère), m'avait parlé de la part que Votre Excellence avait prise à la discussion du Conseil d'État. Elle vous a adressé une lettre de remerciements à laquelle je n'ai pas osé m'associer par une absurde timidité : je saisis aujourd'hui l'occasion de vous témoigner ma gratitude pour ce grand service, *vraiment personnel.* » Dans les notes relatives à sa plaidoirie, C. Baudelaire s'est attaché à dévoiler les ordres secrets qui avaient été donnés par le ministre de l'Intérieur aux journaux ou aux revues, de ne point prendre la défense du poète.

Ce dossier est d'une importance capitale pour l'histoire de la littérature française et spécialement pour celle du procès des *Fleurs du Mal* qui attend toujours sa révision.

13. — BEAUMARCHAIS (Pierre-Augustin Caron de), auteur dramatique, (1732 † 1799).

Lettre a. s. à *Des Entelles,* s. l., 1784, 4 p. in-4.

Intéressante question de plagiat. Des Entelles était l'intendant des Menus-Plaisirs du Roi. Beaumarchais proteste longuement et avec force motifs contre la pièce : *Les Deux Soupers,* par M. Fallet, représentée à Fontainebleau devant le roi, et qui contenait des passages évidemment plagiés dans le *Mariage de Figaro.* « Que celui qui raconte s'appelle Almaviva ou Boudart, que la scène soit dans une chambre ou dans une cour, que l'acteur ou les acteurs cachés le soient dans une serre de jardinier ou sous le rideau d'une alcôve, il n'y a qu'un auteur bien intéressé à donner le change sur son plagiat qui puisse soutenir que la différence de ces légers accessoires détruit la ressemblance du fond... Je vous prie donc de supplier Messieurs les supérieurs des comédiens italiens de leur défendre de jouer la pièce des *Deux Soupers* avec le dénouement que je réclame, jusqu'à ce que la question soit décidée par des gens de l'art nommés à cet effet. »

14. — BELGIQUE. — ANVERS.

ACTE DE CAPITULATION pour la garnison et la ville d'Anvers, faite et arrestée par Messieurs les généraux soussignés et le général Cadogan, authorisé par son altesse le duc de Malbourouk (*sic*). *Pièce historique* signée par le général Despoutis, les colonels de Brancas et Saint-Evremont, les officiers de Menou, de Boulay, de Lalivre, Hotol, etc. Anvers, 1706, 6 pages in-4.

On y a joint les minutes de quatre lettres adressées par le général Despoutis, dont deux au maréchal de Villeroy et deux à Chamillart, annonçant l'envoi de l'acte de capitulation avec tous les détails de la signature de cet acte. Ens., 18 p. in-4.

Pièce de la plus haute importance. La formule de capitulation est ainsi conçue : « Sur le refus que Messieurs du Magistrat nous ont fait en plein conseil de guerre de nous fournir des vivres, et nous prêter assistance pour deffendre la ville, nous assurant mesme que le peuple ne souffrira jamais que lon soustienne le siège de la ville Danvers, mon advis est d'accepter la capitulation qui nous est offerte. » Suivent les signatures.

15. — BERLIOZ (Hector), célèbre compositeur de musique, (1803, † 1869).

L. a. s. à d'Ortigue, 1831, 2 p. in-8.

Superbe lettre avec la suscription : « Monsieur Joseph d'Ortigue, n° 17, rue des Beaux-Arts, dont il est le plus ferme soutien (des beaux-arts, non pas de la rue. Absurde !!) à Paris. » « Qu'est devenu mon article sur les *Armides* de Gluck et de Rossini ? j'en aurai bien besoin pour quelques détails que je veux mettre dans la vie de Gluck... Pourrais-tu venir demain au Conservatoire

Copie de ma lettre à M. le Ministre d'État,
après que j'ai eu connaissance de la Saisie
des Fleurs du Mal.

Monsieur le Ministre, la lettre que j'ai l'honneur d'écrire à votre Excellence n'a pas d'autre but que de la remercier de tous les bons offices que j'ai reçus d'Elle et du Moniteur; Je n'accomplis qu'un simple devoir, en un moment où par suite d'une mésaventure incompréhensible, j'ai peut-être été pour vous l'occasion d'une petite contrariété, ce qui serait pour moi l'objet d'une véritable affliction.

Le Moniteur a publié un excellent article sur le 2e volume des œuvres d'Edgar Poe, dont je suis le très orgueilleux traducteur. M. Turgan a mis en lumière le 3e volume (Arthur Gordon Pym), un Roman admirable. En dernier lieu le Moniteur a imprimé un article merveilleux de M. Edouard Thierry sur un livre de moi, actuellement incriminé: Les Fleurs du Mal. M. Edouard Thierry, avec une prudence vraiment louable, a fait bien comprendre que ce livre ne s'adressait qu'à un petit nombre de lecteurs; il ne l'a loué que pour les qualités littéraires qu'il a bien voulu y reconnaître, et il a merveilleusement conclu en disant que le désespoir et la tristesse étaient l'unique mais suffisante moralité du livre en question.

Que ne vous dois-je pas, Monsieur le Ministre? Je vous dois plus encore que toutes ces inférieures satisfactions de la vanité littéraire. J'ai longtemps hésité à vous remercier, parce que je ne savais comment m'y prendre. Peut-être M. Pelletier vous a-t-il dit que Madame Aupick, que son mari laissa sans aucune fortune, m'avait, avant de quitter Paris, parlé de la part que Votre Excellence avait prise à la discussion au Conseil d'État. C'est sous mes yeux que ma mère vous a adressé une lettre particulière de remerciement, à laquelle je n'ai pas osé m'associer par une absurde timidité. Je saisis aujourd'hui l'occasion de vous témoigner ma gratitude pour le grand service vraiment personnel.

J'avais hier l'intention d'adresser une espèce de plaidoirie
écrite à M. Le Garde des Sceaux; mais j'ai pensé qu'une
pareille démarche impliquait presque un aveu de Culpabilité,
et je ne me sens pas du tout Coupable. Je suis au
Contraire très fier d'avoir produit un livre qui ne
respire que la terreur et l'horreur du Mal.
j'ai donc renoncé à me servir de Ce moyen. S'il faut
me défendre, je Saurai me défendre Convenablement.

Aussi bien, monsieur le ministre, pourquoi ne vous
dirais-je pas avec Candeur que je vous Demande votre
protection, en tant qu'il soit possible de l'obtenir
à vous, qui par votre esprit, encore plus que par votre
position, vous trouvez le protecteur naturel des Lettres
et des Arts. Les lettres et les arts malheureusement
ne se sentent jamais assez protégés.
Mais Croyez bien que s'il ne vous est pas loisible de
me l'accorder, je n'en persisterai pas moins à
me regarder Comme votre obligé; je vous prie donc
d'agréer les sentiments de gratitude et de
respect avec lesquels je suis

Monsieur le Ministre
De Votre Excellence
Le très humble et très obéissant serviteur

Ξ

BAUDELAIRE (Charles) Nº 12 du Catalogue (Réduit).

à la répétition de la Symphonie Cyclopéenne de *Beethoven* ? C'est prodigieux ! inouï !... J'écris un ouvrage pour chœurs, orchestre et alto principal pour *Paganini*. Il est venu lui-même me le demander il y a quelques jours... Addio, addiossimo tutto tuo for ever. »

16. — BOILLY (Julien-Léopold), peintre, né à Paris, (1796, † 1874).

Lettre a. s. Paris, 1858, 2 p. in-8.

Il dit son admiration pour le peintre Luini. « Je me rappelle que, dans votre collection de dessins, il y avait plusieurs dessins, mais au moins un sous ce nom ; il représentait une danseuse. C'était un tout petit croquis à la plume ; est-il bien authentique ; je n'en sais rien, mais enfin il est attribué à Luini, et j'avoue que je voudrais bien voir figurer ce nom dans ma petite série de dessins. »

17. — BOILLY (Julien-Léopold).

PORTRAIT ORIGINAL au crayon (fixé), n. s. du géologue anglais CHARLES LYELL, paru en 1865 dans *Illustrated London News* (19 × 26 cm.).

On y a joint : Une lettre aut. s. (en anglais) de Charles Lyell, au professeur Deslongchamps. London (1841), une p. in-4 avec suscription.

Très joli portrait sur pelure Japon. (VOIR LA REPRODUCTION SUR PLANCHE HORS TEXTE).

18. — BOITO (Arrigo), librettiste et compositeur italien, né à Padoue, (1842, † 1920).

Lettre aut. s. (en français) (à *Victor Hugo*). S. l. n. d. (Milan, vers 1865), 4 p. in-4.

Très belle lettre, très emphatique. « Un de vos synonymes est Liberté. Volontaire de Victor Hugo dans l'idée, volontaire de Garibaldi dans l'action, voilà mes deux élans envers l'art et envers la patrie, je ne puis m'apprêter à l'un sans penser à l'autre. Notre guerre sera suprême et puissante, le jugement de Dieu ne se trompera pas. Nous avons les saintes idées pour nous... Il existe en France un parti crépusculaire, adversaire de la nuit, mais ennemi du jour, composé par de nombreux Pilates du progrès. Ce parti n'a pas le courage d'applaudir à notre cause, comme il n'a pas le courage d'applaudir à vos livres... Je pose mes lèvres sur vos trois volumes ; ce baiser c'est l'essence de ma critique... »

19. — BONAPARTE (Catherine), princesse de Wurttemberg, femme du roi de Westphalie, Jérôme Bonaparte, (1797, † 1830).

Lettre a. s. à *Pauline Bonaparte*, sœur de Napoléon. Trieste, 21 juillet 1821, 2 pages in-8, bordure de deuil.

Superbe et précieuse lettre relative à la MORT DE NAPOLÉON, survenue le 5 mai 1821, faisant connaître les sentiments que la famille impériale éprouvait à l'égard de l'Empereur. « J'allais mêler mes larmes aux vôtres lorsque votre lettre m'est parvenue, plongée dans la plus grande désolation depuis que nous avons reçu la nouvelle de la mort de l'Empereur, toutes nos pensées se sont dirigées vers vous. Nous sommes dans la dernière inquiétude de savoir comment vous, ainsi que maman, avez supporté ce malheur affreux, qui, quoiqu'il fût à prévoir (puisque l'agonie de l'Empereur avait commencé du jour où il a touché le sol de cette isle insalubre), nous conservions toujours encore l'espoir d'un avenir plus heureux pour lui. Mais Dieu en a disposé différemment et a fait échouer tous les calculs humains ; maintenant sa grande âme repose en paix et il n'est plus au pouvoir des mortels de continuer à l'abreuver d'amertume ; cette Providence juste et immuable dans ses décrets ne permettra pas que ses persécuteurs jouissent tranquillement des tourments dans lesquels ils l'ont fait périr. »

Un passage également fort important de cette lettre, est celui où nous apprenons que Pauline Bonaparte, celle de ses sœurs que Napoléon affectionnait le plus, avait formé le projet d'aller à Sainte-Hélène. « Votre projet d'aller à Sainte-Hélène était sublime et partait d'un cœur digne de la sœur de l'Empereur ; je vous aurais envié le bonheur de le soigner, mais l'on vous eût refusé comme à nous de pouvoir aller adoucir ses derniers moments. »

20. — **BOREL** (Petrus), journaliste et littérateur romantique, (1809, † 1859).

Huit lettres aut. s. à Théophile Dondey (dit O'Neddy). Tours, Bas-Baizil, 1836-1837, ens., 26 p. in-4 et in-8, avec suscriptions. (*Très rare*).

Très curieuse correspondance du fameux « lycanthrope », remplie de détails intimes. « Tout en travaillant à *Madame Putiphar*, je t'annoncerai encore, mon précieux ami, que j'ai rêvassé à un autre livre, déjà même assez bien échafaudé dans ma cervelle, lequel aurait pour étiquette : *Tristitia*, qui est le nom de l'héroïne... J'habite un creux marécage, entouré de bois, dans un coin de pays glacial. La vigne n'y croît pas. Ma hutte est la plus misérable de toutes les misérables huttes du territoire ; son toit de chaume est tout troué, il y pleut, les portes sont brisées et closent mal ; le sol est humide, les champignons poussent le long des murs. Bref, ma demeure est plutôt celle d'un crapaud que d'un homme. Dans une cabane collée contre un rocher, et se mirant dans la Loire, j'ai retrouvé Béranger, toujours bon, toujours armée de pensées consolatrices. »

21. — **BOULANGER** (Louis), peintre français, né à Verceil (Piémont), 1806, † 1867.

Quatre lettres a. s. (Louis), à **VICTOR HUGO**, *dont une avec un croquis à la plume*. Rouen, 1829-1831, ens., 7 p. in-4 et in-8, avec suscriptions.

Louis Boulanger fut un admirateur passionné de Victor Hugo. Il écrit, de Rouen : « Me voici dans Rouen, le pays des merveilles, c'est à ne pas savoir où donner de la tête. J'en suis si émerveillé, si étourdi que le courage me manque pour dessiner. Si je ne savais pas qu'*Hernani* vous cloue à Paris, je vous supplierais de venir me retrouver, car malgré toutes les belles choses que je vois ici, je sens que vous me manquez, cher ami... » De Dijon : « J'ai vu à Sens la ravissante cathédrale que je n'ai pu dessiner, faute de temps. A Semur un bijou d'église ; la ville (Dijon) promet des merveilles... »

Les suscriptions donnent deux adresses peu connues de Victor Hugo : « 11, rue Notre-Dame-des-Champs », et : « 9, rue Jean-Goujon, quartier François-Premier. »

22. — **BOURBONS.**

Important dossier relatif à *Charles X, à son sacre, aux dernières années de son règne, à son exil en Autriche avec les autres membres de la famille royale, à l'éducation du duc de Bordeaux*, etc., etc. — Cinquante lettres environ, adressées par divers personnages au baron de Saint-Aubin, gentilhomme de la Chambre du Roi. Le dossier comprend :

a) *Blacas d'Aulp* (Duc de), 20 lettres, dont 17 a. s. et 3 s. Kirchberg, Goritz et Karlsbad, 1836-1842, ens. 45 pages in-4.

b) Bouillé (Comte de), précepteur du duc de Bordeaux, 7 lettres a. s. Kirchberg, Goritz et Padoue, 1837-1843, ens. 17 p. in-4 et in-8.

c) Latil (Cardinal), archevêque-duc de Reims ; 7 lettres, Marseille, Rome et Saint-Gervais-les-Bains, 1837-39, ens. 21 p. in-4.

d) Lévis (Duc de) ; 15 lettres a. s. ; Prague, Vienne et Kirchberg, 1839-1842, ens. 30 p. in-8 et in-4, avec une lettre a. s. de sa sœur, Mlle de Lévis, marquise de Nicolai, 2 p. in-8.

e) Montbel (Comte de) ; 4 lettres a. s. Frohsdorf et Rome, 1839-1850, ens. 11 pages in-8.

f) O'Hegerty (Vicomte), 2 lettres a. s. Kirchberg, 1841-1842, ens. 6 p. in-8 et in-4.

g) Saint-Aubin (Chevalier, puis baron Bourlet de), gentilhomme de la Chambre du Roi. 4 lettres a. s. à sa femme. Reims, Paris et Saint-Cloud, ens. 10 p. in-8 et in-4.

h) Trébuquet (Abbé), précepteur du duc de Bordeaux. 9 lettres à Saint-Aubin. Kirchberg, Goritz et Padoue, 1837-1843, ens. 27 p. in-12 et in-8.

i) Sarran, homme de lettres. — Deux lettres a. s. à Bouquet, avoué, à Paris, 1823, ens. 3 pages in-4 et in-12.

j) Coupures de journaux, fac-similés, pièces diverses relatives au comte de Chambord, 11 pièces.

DOSSIER HISTORIQUE DES PLUS IMPORTANTS dévoilant toute la politique secrète des Bourbons après leur chute. Sacre de Charles X. « Au moment où le Roi est monté sur le trône élevé au milieu de l'église, il y a eu un coup de soleil dont l'effet a été surprenant. Je ne crois pas que le Paradis offre rien de plus délicieux ». — Installation de la famille royale à Goritz. — Difficulté de loger l'évêque d'Hermopolis et l'abbé Trébuquet. Appartement somptueux de la duchesse de Berry à Brunsee. — Écuries du duc de Bordeaux pour neuf chevaux. — Confitures pour la provision de la maison du Roi. — Démêlés avec Richard Wagner, cuisinier du Roi (!). — Tournée du duc de Bordeaux en Allemagne. — Catharre du Roi. — Goutte de la Reine. — Mauvaise humeur du Roi qui ne veut pas payer le port des journaux destinés au duc de Bordeaux. — Crainte du choléra. — Composition de l'écurie de Mademoiselle, fille de Charles X. — Achats de rente à Vienne, par l'intermédiaire de M. de Rothschild. — Difficultés avec la douane. — Visite de Don Carlos. — Reliques de la sainte Tunique d'Argenteuil. — Mauvais livres dans la bibliothèque du duc de Bordeaux, etc., etc...

23. — CAMPAGNE D'ÉGYPTE. — Curieux dossier contenant :

a) Deux rapports imprimés du général en chef, *Kléber*, au Directoire exécutif, sur des conspirateurs militaires, 12 p. in-4.

b) Treize ordres du jour du général *Menou* avec en-tête et vignette, ans VIII et IX, ens. 25 p. in-f°.

c) Lettre des membres du Divan particulier du Kaire, 10 p. in-f° avec encadrement rouge et noir. Texte imprimé en arabe et français.

Les pièces officielles imprimées au Caire sont rares et recherchées.

24. — CANOVA (Antonio), sculpteur italien, (1757, † 1822).

Lettre a. s. (en italien), à W. Carey. Roma, 1822, 2 p. petit in-4, avec enveloppe.

« Le général Cockburn m'a envoyé votre lettre et les trois livres mentionnés dans celle-ci, desquels vous avez voulu me faire don. Vraiment, je ne me trouve aucun titre à mériter de vous un témoignage de tant de bonté et de courtoisie... Je lirai avec plaisir vos doctes réflexions sur les arts et sur les œuvres des professeurs, et je me tiens déjà pour certain, d'après l'opinion de beaucoup de personnes qui les ont lues, d'avoir à en tirer profit et plaisir... »

25. — CARCO (Francis), romancier, né à Nouméa (Nouv.-Calédonie), 1886.

VEROTCHKA L'ETRANGÈRE, roman. Manuscrit original autographe signé (sur la couverture) ; 288 pages (les pages 43 et 165 omises par erreur dans la pagination) et 70 pages environ, refaites en double, avec modification par l'auteur ; couverture.

Manuscrit fort intéressant à cause des nombreuses pages supplémentaires qui donnent des variantes différant considérablement du texte imprimé.

26. — CHAM (Amédée de Noé dit), célèbre caricaturiste, né en 1819 † 1884.

L. a. s. à « mon cher cousin ; le 10e jour de la lune », 3 p. in-8.

Amusante lettre. Réponse à l'envoi d'un dessin « Je me rends parfaitement compte maintenant de la bataille de Sinope. On voit à l'œil des matelots de l'équipage que toute la flotte turque a perdu la tête, à l'œil gauche surtout... Ma bonne vient me chercher pour me mener à la promenade. Je vous envoie le portrait de ma bonne. »
A la 4e page un grotesque croquis représentant la bonne.
On y a joint : Une lettre a. s. de Cham à un ami. Une p. in-8. *Invitation à manger un faisan.*
« *Il n'y aura pas de journalistes.* »

CHAM. — Voir n° 26 du Catalogue.

27. — CHAMPFLEURY (Jules Husson, dit), littérateur.

UN MARIAGE EN 1770. — Manuscrit aut. signé (*Le marquis de Fleury*), 67 pages in-4.

28. — CHAMPFLEURY-JULES TROUBAT.

a) LES ESTAMPES DE CHAMPFLEURY ; UN HOFFMANN FRANÇAIS. Manuscrit autogr. signé, de *Jules Troubat*. 4 pages 1/2 gr. in-4, nombr. ratures et corrections autographes. — Sur la première feuille les mots : « M. Troubat, article non publié, par erreur. »

b) NOTES DE CHAMPFLEURY « concernant les tableaux qu'il possédait et qu'il voulait vendre. » — Réunion de 30 cartons-fiches, entièrement écrits par Champfleury et contenant la description minutieuse de sa collection de tableaux, description d'un grand intérêt artistique. — Deux quittances concernant l'achat de deux de ces tableaux sont jointes au dossier.

29. — CHAPPE (Claude, abbé), physicien, administrateur du télégraphe aérien, né à Brûlon (Sarthe), 1760, † 1805.

Lettre a. s. aux administrateurs du département du Finistère ; Brest, 1er frimaire, an VIII ; 2 pages 1/2 in-4, sur papier à en-tête gravé de la Ligne télégraphique de Brest ; très jolie vignette représentant Mercure tenant dans sa main le télégraphe aérien. Au-dessous ces mots imprimés : *Chappe, directeur de la Correspondance Télégraphique* (quelques taches).

« Je me ferai un plaisir de vous envoyer par la poste ou toute autre voie plus prompte, les Bulletins télégraphiques qui peuvent vous intéresser. L'arrêté que vous avez pris relativement à la chasse m'engage à vous prier de m'accorder un port d'armes ainsi qu'à l'inspecteur télégraphique de la division de Brest : je lui recommanderai de n'en faire usage que dans le cas de deffense personnelle, ou dans les lieux non infectés par les Chouans. »

30. — CHARLES-QUINT, Empereur d'Autriche et Roi d'Espagne, né à Gand, 1500, † à Placentia (Estramadure), 1558.

Pièce signée (Carol) (en allemand). Tolède, 1534, une page in-f° avec suscription et cachet. (*Superbe pièce*).

Ordre envoyé à Adam Grauen zu Berlichingen, juge à la Chambre impériale de Justice à Spire. Il lui est enjoint de reconnaître la sœur de l'empereur, Frau Maria, comme reine de Hongrie, de Bohême et Stathalterin de Hollande, et de soumettre à la jurisprudence de celle-ci tous les cas se rapportant à la liberté et aux privilèges de la Hollande.

31. — CHOPIN (Frédéric), célèbre pianiste et compositeur, né à Varsovie, 1809, † 1849.

Recueil composé de coupures d'articles de journaux parus en 1849, à l'occasion de la mort de Chopin. Quelques articles recopiés à la main. En frontispice, *dessin* allégorique et portrait n. s. exécuté au crayon et au lavis ; le tout remonté en un vol. in-8 chagrin, tranches dorées.

Ce recueil précieux comprend, sur 50 pages, des articles introuvables aujourd'hui, extraits des journaux suivants : *Les Débats, Constitutionnel, Courrier Français, Le Crédit, l'Ordre, l'Opi-*

nion publique, *Revue et Gazette des Théâtres*, la *Presse, l'Illustration, l'Artiste, Daily News, Journal de Rouen*, etc., etc. Articles signés par Jules Janin, Théophile Gautier, Hector Berlioz, Arsène Houssaye, Eugène Guinot, Oscar Comettant, Adolphe Adam, etc.

32. — **CHOPIN** (Frédéric).

CHOPIN SUR SON LIT DE MORT. Médaillon en stuc (signé), par Pordzié-nika, 1849, forme ronde, diamètre : 17 cm. dans un cadre bois noir, verre bombé.

Superbe médaillon, original, fort peu connu, et dont il ne paraît pas avoir été tiré d'exemplaires. L'artiste est représenté en profil, d'une ligne très pure. Le fond est formé par une lyre. *Cette pièce exceptionnelle peut être considérée comme le plus beau portrait connu de Chopin.*

33. — **CŒUR** (Jacques), célèbre négociant, argentier du roi Charles VII, né à Bourges, mort en 1456.

Pièce signée. Lyon, 20 juillet 1450, une page in-f° oblong, parchemin. (*Extrêmement rare*). (VOIR LA REPRODUCTION CI-DESSOUS).

Superbe pièce, signée comme « mestre et cappitaine du Chastel de Lyon ». Il « confesse avoir eu et receu de Maistre Estienne Petit, receveur général de Languedoc, la some de deux cents livres, laquelle le Roy mondit seigneur, par le Roole des assignations par lui faites sur l'ayde des octroys audit Recepveur à Montpellier, m'a ordonné pour la garde de ladicte place... De laquelle some, je me tiens pour content et bien payé, etc. ».

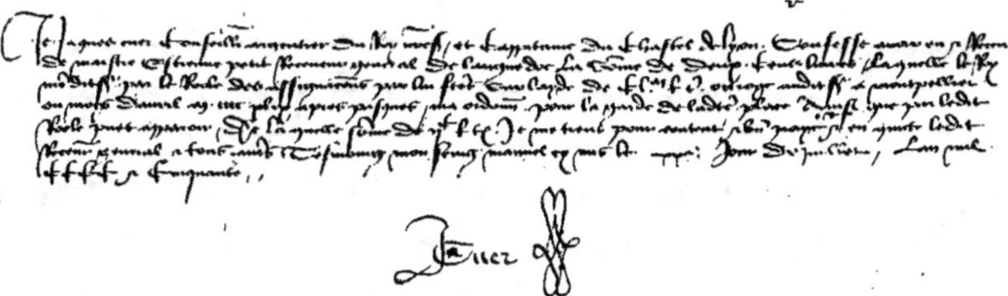

Cœur (Jacques). — Voir n° 33 du Catalogue. (Réduit).

34. — **COLIGNY** (Gaspard II de), seigneur de Châtillon, amiral, assassiné pendant la nuit de la Saint-Barthélémy, 1519-1572.

Pièce signée (Coulligny). S. l., 17 septembre 1564, une page in-f°, parchemin.

Les pièces signées : Coulligny sont de toute rareté, le célèbre amiral ayant l'habitude de signer plutôt : « Chastillon ». « Nous, Gaspart de Colligny, seigneur de Chastillon et chevalier de l'ordre du roy et admiral de France, confessons avoir receu de messire Raoul Moreau, conseiller de nostre sire et tresorie de son espargne, la somme de trente mil livres en testons à douze sols, le surplus en monnoye de douzains et dizains, de laquelle somme sa maiesté nous a faict don, en faveur et consideration des bons, vertueux et tres recommandables services que nous avons cy devant et de long temps faictz à sadicte majesté tant dans nostre présent estat que en plusieurs aultres *honorables charges, et pour nous ayder à resouldre des dettes que nous avons esté contrainctz avoir... »*

Il m'a été impossible, monsieur, de vous rendre compte plustost de la commission dont je m'étois chargé. mon ami defuns qui a été malade, n'a pû m'écrire qu'hier. il me mande que l'imprimeur de cette ville, a refusé de se charger de l'ouvrage que vous scaves, j'en suis très faché, parce qu'il auroit été imprimé bien, fidèlement, et à bon marché, et que cela vous auroit épargné un voyage qui ne puisse estre que fort coûteux. je ne doute point que vous n'ayez été très affligé de la mort de Mr. de Montesquieu tout le monde y perd un grand homme que l'on ne remplacera pas, et vous en particulier, vous perdez un ami qui pouvoit vous estre fort utile. je crois donc pouvoir, en même temps vous en faire compliment. ma femme me charge de vous faire les siens

Crébillon Fils. — Voir n° 37 du Catalogue. (Réduit).

35. — **COMBES** (Emile), homme politique, ministre de l'Intérieur, célèbre par sa campagne contre les Congrégations.

a) Deux poésies autographes s., 1853 et 1868, ensemble 7 pages in-8.

b) Photographie, avec dédicace aut. s. à Mlle Marie-Louise de Quinsac, 9 × 12.

Les poésies d'Émile Combes sont très rares et fort peu connues. La première de nos deux pièces concerne « une jeune Cévenole que j'ai connue dans mes voyages de vacances. » La seconde est adressée « à Mme F..., qui s'était montrée jalouse amicalement à l'occasion de quelques poésies adressées à d'autres dames. »

> *L'automne s'enfuyait et la nature en deuil*
> *Se couvrait de frimas comme d'un blanc linceul.*
> *Les rayons du soleil sur la terre attristée*
> *Glissaient pâles et froids dans la nuit argentée.*

A noter de nombreux vers d'inspiration religieuse :

> *Tes jours sont-ils comptés, souffrante tourterelle ?*
> *Il n'appartient qu'à Dieu de soutenir ton aile.*

36. — COPPÉE (François), poète, né à Paris 1843, † 1908.

UNE MAUVAISE SOIREE, poème ; manuscrit original, aut. signé, quelques ratures, 9 pages in-4, feuillets séparés.

Célèbre poème antisocialiste :

> *Un soir de mai, trouvant que vivre est un ennui,*
> *Sûr du spleen de demain par le spleen d'aujourd'hui*
> *J'allais, le front courbé, les yeux fixés en terre,*
> *Sur le calme trottoir d'un faubourg solitaire...*

37. — CRÉBILLON (Claude-Prosper Jolyot de), dit Crébillon fils, romancier, né en 1707, † 1777.

Lettre a. s. à De la Beaumelle. Saint-Germain, 1755, 1 p. 1/2 in-4, avec suscription ; cachet de poste (*très rare*). (VOIR LA REPRODUCTION, PAGE 16).

Très belle lettre relative à la mort de Montesquieu. « Je ne doute point que vous n'ayez été très affligé de la mort de Mr. de Montesquieu ; tout le monde y perd un grand homme que l'on ne remplacera pas, et vous en particulier, vous perdez un ami qui pouvait vous être fort utile... Ma femme vous prie de luy envoyer l'adresse de La Condamine... »

38. — DEBUSSY (Claude), célèbre compositeur de musique, (1861, † 1917).

HYMNIS. Comédie lyrique de *Th. de Banville*, musique de Claude Debussy ; partition pour piano et chant. *Manuscrit autographe signé*, 29 pages (dont une au crayon), et un titre, in-8 à l'italienne.

Superbe pièce. Scène lyrique à trois personnages : Eros, Hymnis et Anacréon, qui paraît n'avoir pas été terminée. Notre manuscrit comprend : scène Ire, complète ; scène II, incomplète, avec ébauche de terminaison au crayon (fixé), scène VII, complète ; puis une scène supplémentaire non numérotée.
LES AUTOGRAPHES MUSICAUX DE DEBUSSY SONT EXTRÊMEMENT RARES.

39. — DEBUSSY (Claude).

L'ENFANT PRODIGUE. Partition pour chant et deux pianos. *Manuscrit autographe n. s. 32 pages in-4.*

Cette œuvre, demeurée célèbre, valut à l'auteur le prix de Rome en 1880. On y trouve déjà toutes les qualités maîtresses et toutes les innovations hardies par lesquelles Debussy devait provoquer plus tard une véritable révolution dans la musique. Ce précieux manuscrit est la réduction pour deux pianos exigée par les règlements du Prix de Rome et qui fut soumise au jury pour sa délibération. Il ne porte, naturellement, aucune signature, les manuscrits devant être présentés sous le plus rigoureux anonymat.

40. — DEBUSSY (Claude).

SOUHAITS DE BONNE ANNÉE. Deux lignes de musique, portée triple, autographes, avec dix lignes a. s., dédicace à une amie, 2 p. gr. in-8, à l'italienne. (VOIR LA REPRODUCTION CI-DESSOUS).

Très curieux autographe. Le compositeur a mis en musique ces paroles : *Je vous la souhaite bonne et heureuse, Achille (?) Debussy.*

Il a ajouté les mots suivants : « Parmi les souhaits qui montent vers vous, permettez-moi de former celui-ci : que vous soyez toujours celle qui a donné la forme rêvée par les musiciens en délire, à la pauvre musique de celui qui sera toujours votre ami et compositeur dévoué ».

DEBUSSY (Claude). — Voir n° 40 du Catalogue. (Réduit).

41. — DESAIX (Louis-Charles-Antoine), général.

L. a. s. au citoyen Bottot, an VI, 1 p. in-4.

Recommandation en faveur du citoyen Eicard : « dont les services sont si notoires, et les principes si bien reconnus, que je crois qu'il n'a pas besoin de recommandation... Je vous prie, encore plus pour l'intérêt particulier que je porte à ce citoyen de bien vouloir le placer dans son grade. »

42. — DESBORDES-VALMORE (Marceline-Josèphe-Félicité), poétesse et actrice, 1785-1859.

Lettre autographe signée, à ALEXANDRE DUMAS. Lyon, 11 décembre 1836, 2 p. 1/4 in-4, avec suscription.

Superbe lettre. Elle se désole de rester à Lyon « dans l'inaction où le directeur, d'accord, dit-on, avec les autorités d'ici et de plus haut, se propose de tenir le drame moderne et ses lumières qui éclairent trop. On n'en propose pas moins à *Valmore* de renouveller son engagement, à ma grande frayeur, car j'ai une peur terrible de Lyon pour ses mouvemens populaires toujours prêts d'éclater... *Henry III* a été joué trois jours de suite avec foule ; c'était en effet très beau, mais cela rattache Valmore à ses rôles qu'il adore et qui ne feront pourtant pas son avenir ; j'ai du regret de son succès et de l'inquiétude ; ôtez-la moi, si vous pouvez. »

43. — DESBORDES-VALMORE.

Lettre aut. s. à ALEXANDRE DUMAS. S. l. n. d. (Lyon, 1836), 2 pages 1/2 in-8, avec suscription.

Au sujet de son fils : « Servez cet enfant, ouvrez-lui un chemin, qu'il soit admis à finir, dans quelque collège de Paris, son éducation bien commencée à Grenoble. Jugez si c'est triste de le laisser seul à Grenoble. Je ne m'y fais pas ; j'aime mieux planter là ses sciences commencées et l'emmener dans ma vie de hasard. » Elle appuye la demande que fait Valmore d'être nommé metteur en scène à l'Odéon. « Le directeur paraîtrait hésiter de s'attacher Valmore ; et moi je vous dit que ce serait un bien. Né au théâtre, il en a tous les secrets et l'intelligence ; il en adore le trouble et les émotions ; c'est sa vie et son âme. » Éloge de Dorval qui « attire la foule, y jette de l'étonnement et du feu ; on sort brisé de larmes. » Cette lettre est précédée de deux pages et demie de la main de l'acteur Valmore, mari de la poétesse. Il écrit à *Dumas* « J'ose vous écrire puisque vous êtes le seul qui, nous ayez donné des preuves d'un véritable intérêt... Je désirerais être attaché du second Théâtre français en qualité de Directeur de la scène, etc. ».

44. — DESBORDES-VALMORE.

Lettre a. s. à ALEXANDRE DUMAS. Milan, 1838, 4 p. in-8.

Superbe lettre, contenant ses impressions sur la ville de Milan. « Je vois Mlle Mars tellement à la volée que je ne trouve pas un mot intime à pouvoir lui dire. Il est impossible de vous faire une idée du théâtre où elle est forcée de jouer ce soir ; une écurie royale serait préférable à l'espèce de grange où sa compagnie française est reléguée par une raison d'avarice du bailleur de fonds. Mlle Mars est consternée de subir la grange dont je vous parle. Le succès a été immense. Tout Milan est au-devant de l'empereur ; dans le camp militaire, on donne des bals ; les décorations théâtrales des églises que l'on déguise en damas rouge attirent autant de curieux que les théâtres. A la Scala, l'opéra de Rossini qu'il était venu monter lui-même est tombé à la première représentation. Mlle Mars se console comme les enfants en allant voir les feux d'artifice ; ce qu'elle comprend le moins ce sont les églises... Le prix des lits est exhorbitant, fussent-ils dans des corridors ; 27 et 30 fr. par jour... »

45. — DIERX (Léon), poète, né à l'île de la Réunion, (1838, † 1912).

LES YEUX DE NISSIA, poème. Manuscrit aut. s. 5 pages in-12.

Très belle pièce. 19 strophes de cinq vers, dont voici la première :

> *Je suivis dans le bois l'enfant aux ils soyeux.*
> *Non loin d'un petit lac dormant nous nous assîmes.*
> *Tout se taisait dans l'herbe, et sous les hautes cimes*
> *Nyssia regardait le lac silen-ieux*
> *Moi, le fond de ses yeux.*

46. — **DOUGLAS** (Alfred, Lord), littérateur anglais, ami d'Oscar Wilde.

Deux lettres a. s. (en français) à un ami M. M..., 1907, ens. 2 p. in-4 ; en-tête de « The Academy ».

Remerciements pour l'envoi d'un livre, « que j'ai lu avec grande admiration. Merci pour la dédicace dont vous m'écrivez. Je suis maintenant rédacteur en chef de ce journal qui s'occupe des lettres et des arts. Ne m'écrivez pas, venez me voir. »

47. — **DREYFUS** (Affaire).

a) DREYFUS (Alfred). — Lettre dactylographiée, signature aut. du *Commandant Alfred Dreyfus*, adressée au gérant du journal *La Bataille*, de Bordeaux. Paris, 1908, 3 pages in-4.

Réponse à une lettre du commandant GUIGNET, parue dans ce journal. C'est un exposé complet de sa réhabilitation prononcée par la Cour de Cassation. « Il est faux d'affirmer que la Cour de Cassation a violé les lois en ma faveur ; il est faux d'affirmer que la Cour de Cassation a falsifié un texte de loi. La Cour, dans son arrêt, n'a jamais cité que le texte vrai de l'article 445, sans aucune modification. Cet arrêt de la Cour de Cassation qui m'a rendu l'honneur, je le remettrai sous les yeux du public aussi souvent qu'on cherchera à lui enlever son autorité.»

b) CHARPENTIER (Armand). — Lettre aut. signée à *Henry Houssaye*, Président de la Société des Gens de Lettres. Paris, 30 sept. 98, 3 p. in-12.

Belle lettre glorifiant l'action de ZOLA. « En mars dernier, à la réunion générale de la Société que vous présidiez, mon excellent confrère Paul Alexis et moi voulûmes adresser un hommage public à notre grand romancier national *Emile Zola*. Il eut été glorieux pour notre Société d'applaudir ainsi le geste de beauté qui fait l'admiration de quiconque porte en soi le culte de la Justice.

« Hélas ! nous comptions sans les aveugles et les sourds. Non seulement les 150 sociétaires présents hurlèrent comme un seul chacal au nom de ZOLA, mais ni Alexis, ni moi, ne pûmes parler... Depuis, la vérité a marché... Émile Zola a sauvé l'honneur des Lettres, comme le colonel Picquart a sauvé l'honneur de l'armée, comme Jaurès et Trarieux ont sauvé l'honneur du Parlement... J'estime qu'il convient de réparer les fautes passées en rendant aux ouvriers de la première heure l'hommage qui leur est dû. D'ici quelques jours ZOLA rentrera à Paris, etc. »

c) GOURMONT (Rémy de): *Nietzsche et l'affaire Dreyfus*. — Ms. autographe signé. 9 p. 1/2, gr. in-8, feuillets séparés, ayant servi à l'impression ; corrections et ratures autographes.

d) LOUYS (Pierre). — L. a. s. à Monsieur... février 1897, 3 p. in-8.

« M. *Zola* vient de créer, de ses puissantes mains, le parti antisémite français qui est désormais formidable. A ce titre, il a droit à la reconnaissance de M. Drumont, qui la dissimule et de M. Jaurès qui l'avoue. L'auteur de *Germinal* est un grand remueur de foules, etc... »

e) MIRBEAU (Octave). — L. a. s. 1 p. in-8, à un ami (Zola ?).

« Vous avez montré tout au long de cet extraordinaire procès, que vous êtes un homme, un vrai, dans tout le sens du mot. Et montrer qu'on est homme, dans une affaire qui a fait surgir brusquement, tant de veuleries et de crapuleries, c'est quelque chose... », etc.

f) GOBERT (A.), expert ; LABORI (Fernand), défenseur de Dreyfus ; MOLI-
NIER (A.) (professeur à l'Ecole des Chartes) ; MORNARD (Henry), avocat ;
REINACH (Joseph). Ens. 4 lettres et une carte a. s. relatives à la *Veuve du
Colonel Henry*, une autre feuille reproduit l'état des déchirures du fameux
Bordereau.

48. — DUMAS (Alexandre Davy de la Pailleterie, dit Alexandre) **père, romancier, 1803-1870.**

NOTES HISTORIQUES SUR LE SIÈCLE DE LOUIS XIV. Ms. aut. s.
2 p. 1/2 in-f°, ratures.

ON Y A JOINT une notice biographique imprimée, trois portraits lithographiés,
un portrait gravé sur acier, et un portrait gravé sur bois.

Ce manuscrit paraît être la rédaction du premier jet de l'ouvrage d'Alexandre Dumas sur le
siècle de Louis XIV. Ce sont des notes chronologiques sur les principaux événements de la cour
de Louis XIV et sur la vie privée du Roi.

49. — DUMAS (Alexandre), **père.**

Poème aut. s. sans titre, une page in-12, 4 quatrains.

Très joli poème :

> *Vierge à qui le calice à la liqueur amère*
> *Fut si souvent offert*
> *Mère que l'on nomme la douloureuse mère*
> *Tant vous avez souffert.*
> *A mon tour aujourd'hui, bienheureuse Marie*
> *Je tombe à vos genoux.*

ON Y A JOINT : *a)* Deux lettres aut. s. ; un billet aut. s. Paris, 1830, et un fac-
similé lithographié.

b) Deux manuscrits aut. dont un signé : *Pensées sur la table*, et *Voyage à
Rome* (incomplet), ensemble 7 pages in-f°.

50. — FLÉCHIER (Esprit), célèbre prédicateur; évêque de Nîmes, né à Pernes
(Vaucluse), 1632, † 1710.

Lettre a. s. Saint-Amans, 1687, 2 p. in-12.

Très belle lettre, qui paraît adressée aux membres de la Compagnie de Jésus : « J'étais déjà
bien persuadé du mérite de ceux qui composent votre Compagnie, et j'ay esté bien aise de recevoir des marques de leur amitié et de la ioye qu'ils ont de me voir chargé de la conduite d'un
diocèse, où ils sont si heureusement establis. La profession que j'ay toujours faite d'aimer les
lettres m'attachera entièrement à vous, et dans l'engagement où je me trouve de m'appliquer plus
que jamais au ministère de la parole, je reprendray auprès de vous le goust de la vraye éloquence. »

51. — FRANC-MAÇONNERIE.

LE PACIFICATEUR AMÉRICAIN, chancelier, prince du Tropique. Pièce manuscrite probablement unique, datée de 1813. 24 p. in-fº.

Très curieux manuscrit franc-maçonnique, donnant l'histoire du grade F... M... de *Pacificateur américain*, la disposition du Conseil de l'ordre de ce nom, le costume, la batterie, la marche, le mot de passage, les signes de secours et de reconnaissance, l'alphabet mystérieux de correspondance, etc., etc. IL N'EXISTE PAS DE RITUEL IMPRIMÉ POUR CE GRADE.

52. — FRANCE (Anatole Thibaut, dit), homme de lettres, né à Paris, (1844, † 1924).

NOTES POUR JEANNE D'ARC, manuscrit aut. n. s. 2 pages in-8 et in-12, sur deux feuillets. Au verso du premier, brouillon de lettre aut. inachevé. Au verso et au recto du second, lettre de sa fille Suzanne.

Note prise dans l'ouvrage d'Eberhard Windecke (page 97) au sujet des femmes introduites dans le camp des Français : « Item ung autre jour, chevauchaient-ils en quête des Anglais leurs ennemis... » Puis annotation sous ce titre général : « Sur les Ribaudes ». — Le brouillon de lettre a trait à la guerre russo-japonaise : Publication d'un album au profit des blessés, publié par « un comité d'artistes, déplorant le conflit qui met aux prises deux grands peuples en Extrême-Orient, et estimant qu'il est contraire à l'humanité de faire une distinction entre les victimes de la guerre. »

53. — FRANCE (Anatole).

LE STRATAGÈME, nouvelle tirée des *Mémoires inédits de Silvestre Bonnard.* Paris, 1880, plaquette de 18 pages in-8 (nº 20).

Brochure rarissime TIRÉE A 25 EXEMPLAIRES NUMÉROTÉS. — ON Y A JOINT une carte postale illustrée, écrite de Brescia par *Anatole France*, signée *(A.-F.).* « Le jour de la rentrée à Paris dépend de la santé de Mᵐᵉ A. de C. ».

54. — FRANCE (Anatole).

L. a. s. à «*Mon bon petit chien chéri* ». S. d., 4 p. in-12, avec enveloppe à « Mlle SUZANNE FRANCE, à Paramé ».

Ravissante lettre du grand romancier à sa fille : « Je réponds à ta bonne lettre, par une nuit tranquille et noire, après un jour de pluie bien triste. J'ai beaucoup pensé à toi, sous le ciel humide et gros, et j'ai craint que la grève et la mer ne te soient bien tristes, aussi dis-moi, mon petit chéri, si le petit coin de bleu n'est pas revenu dans ton ciel. Je voudrais bien que tous les jours te fussent agréables. Mais tu sais que je ne **crois** pas à mon pouvoir. » Le maître lui parle de sa visite au musée Guimet et des objets trouvés dans les fouilles d'Antinoé... « Mes amitiés à Loulou et à toi mes tendresses. Ton vieux papa, ANATOLE FRANCE. »

55. — GALLIÉNI (Joseph-Simon), maréchal de France, commandant de l'armée de Paris au moment de la première bataille de la Marne.

a) PORTRAIT DU MARÉCHAL ; lithographie en couleurs dessinée par B. Borione, imprimée par les établissements Picart, AVEC DÉDICACE AUT. SIGNÉE, à Mlle S... Paris, 3 septembre 1914 ; une feuille mesurant 50 cm. × 63 sous verre.

Superbe pièce. Le maréchal est représenté debout, en grande tenue, ayant à sa droite une femme représentant la ville de Paris. A sa gauche, panorama de Paris. Sur une colonne Morris est affichée la célèbre proclamation : « Jusqu'au bout ».

b) Deux cartes de visite avec 16 et 19 lignes aut. s. Paris et Versailles, 1916, enveloppes.

Il a donné sa démission de Ministre de la Guerre : « J'ai été tant que j'ai pu, mais j'ai été arrivé à un dépérissement complet à la suite de mon surmenage surhumain... J'ai besoin d'un repos absolu et jusqu'à nouvel ordre les médecins m'interdisent d'écrire et de recevoir des visites. Il ne peut donc être question encore de venir à Versailles. »

56. — **GAUTIER** (Théophile), poète et romancier, né à Tarbes, 1811-1872.

Poésie autographe signée, sans titre ; avril 1834, 18 quatrains ; 2 p. 1/2 in-f°. *(Très rare)*.

On y a joint un portrait lithographié.

Superbe pièce de vers sur la *Pologne*, débutant par ce quatrain :

> *Une grande journée en Pologne connue*
> *Ce fut lorsque naquit à Jagellon un fils*
> *Toute la nation célébra sa venue*
> *Avec de joyeux cris.*

57. — **GAUTIER** (Théophile).

Lettre .aut. s. à l'éditeur Desessart, s. d., une page in-4, avec suscription.

Lettre fort curieuse. « Vous êtes un violent cochon ; vous ne me venez pas voir, vous me laissez dénué de toute espèce d'exemplaires. Nous avons déjà des articles parus ; je n'ai pas de volume pour donner à Méry, à Roger de Beauvoir qui fera la mode, à Pouyat qui s'occupe du *Temps*. Quel diable d'éditeur êtes-vous donc ? Vous vous reposez quand il faudrait se mettre en marche. Un succès ne se fait pas comme cela, que diable ? Vous devriez être dans les antichambres des journalistes avec des multitudes de soupières d'argent. Il me faut 12 exemplaires ou la mort. Tout à vous, canaille. »

58. — **GIRARD** (Henri-Philippe de), célèbre ingénieur mécanicien, un des créateurs de l'industrie moderne, inventeur du métier à filer mécaniquement, né en 1775, † 1845.

Lettre a s. à « ma chère Adèle ». Paris, 10 frimaire, an 14, 4 p. in-4, écriture très serrée.

Charmante lettre intime. Compliments sur les tartes et marmelades qu'elle réussit à merveille. Détails sur ses inventions : « Nous avons été tous ces jours-ey du matin jusques au soir à fondre des chandelles, à faire et refaire des chandeliers, trouvant toujours quelque chose de nouveau à ajouter. Je pense que papa vous aura parlé de cette nouvelle invention. On la croit plus importante que celle des lampes : elle sera à la portée d'une infinité d'acheteurs. Tu vas dire que nous entreprenons de drôles de métiers, mais tu es trop raisonnable pour ne pas apprécier les choses à leur juste valeur. Il est bien heureux que Frédéric ait pensé à cela, car la première idée est de lui ; je ne doute pas que ce ne soit pour la famille la source de très grands bénéfices... Je crois t'avoir parlé des petites lampes que nous aurions pu vendre à 25 fr. et dont tout le monde veut donner quarante... Vous allez jouer la comédie, et je ne suis pas là pour être tout au moins votre souffleur... Caroline m'a donné une leçon de tambour de basque ; elle en joue en perfection. »

Les lettres de Philippe de Girard, *devenues très rares*, sont fort recherchées, depuis qu'on a reconnu, très tardivement, l'importance de son œuvre scientifique.

59. — GIRARDON (François), célèbre sculpteur français, né à Troyes, (1628, † 1715).

Lettre autogr. s. à Monseigneur... Rome, 1669, 3 p. in-4.

Très longue lettre adressée au chancelier Séguier, son protecteur, qui l'avait envoyé à ses frais à Rome, et entièrement consacrée à la technique de son art. « Monsieur Erard ma fort bien recu alacademie et ma conduit ches Monsieur de Courlemont lequel ma promis donner toutes les facilités pour entrer dans les palais... J'ay donné advis de la beauté et bonté du grand bloc de marbre que j'ay veu près à embarqué sur le port de Carare. Nous nous sommes entretenus, M. Erard et moy de quelle matière seroit mieux les reliefs de la colonne trajane dont j'ay veu les creux lesquel sont bien fais nous croyons qu'il soyt plus apropos den estre de plastre que de sire pour les envoys en france le platre de se pays estant fort... Il faut que le fondeur prepare sa sire de poisons pour son metail ainsy Il faut mouler et reparer les sires au lieu ou on veut faire la fonte du cuivre... J'ay veu que tous les etudians de lacademye font assez bien leur devoir pour l'étude, etc. ».

60. — GUÉRIN (Charles), poète.

PROLOGUE DU SEMEUR DE CENDRES ; poème autographe s. ; 7 quatrains ; 2 p. in-f°.

Au bas du poème, on lit la note suivante : « C'est bien entendu, n'est-ce pas ? mon cher ami : ce poème paraîtra en première page dans la *Plume* du 1er avril. » Ce manuscrit présente des variantes importantes avec l'imprimé. Ainsi le quatrain n° 4 qu'on lit ainsi dans l'original :

> *Moi je suivrai l'exemple heureux d'un laboureur*
> *Qui va, portant de cendre une besace pleine :*
> *Son geste, d'un moins noir l'utile avant-coureur*
> *Près de l'ensemencer fertilise la plaine*

a été imprimé ainsi :

> *Moi je suivrai l'exemple heureux d'un laboureur*
> *Qui va, portant de cendre une besace pleine :*
> *Il la lance aux sillons luisants, et son labeur*
> *Avant d'ensemencer fertilise la plaine.*

61. — GUILLAUME Ier, roi de Prusse en 1861, empereur d'Allemagne en 1871.

Lettre a. s. (« *Prinz v. Preussen* »), château de Babelsberg, 1845, 1 p. in-4 (en allemand) (un petit coin de la marge inférieure enlevé).

« Le Roi ne désire pas que je souscrive à la Banque de Dessau avant que le gouvernement n'ait pris une décision relative à cette affaire, etc. ».

62. — GUYON (Jeanne-Marie Bouvier de La Motte, dame), célèbre mystique, amie de Fénelon, née à Montargis, 1648, † à Blois, 1717.

Manuscrit aut. signé, 6 avril 1693, 5 pages petit in-4. (*Extrêmement rare*).

PRÉCIEUX MANUSCRIT, LE SEUL QUI SOIT EN CIRCULATION, et contenant une profession de foi complète de la célèbre mystique qui a révolutionné la foi religieuse en France au xviie siècle. Elle y donne les règles de la vie intérieure et de l'oraison. IL EST INÉDiT car il ne figure ni dans le *Moyen court et facile de faire oraison*, composé dix ans auparavant, ni dans les trois volumes de *Justifications*. Il a été composé au moment des démêlés les plus vifs qui mirent aux prises Mme Guyon, Fénelon, Mme de Maintenon, Bourdaloue, Bossuet et l'archevêque de Paris, et un peu avant la conférence d'Issy qui conduisit Mme Guyon à la Bastille. Il est possible que ce mémoire ait été adressé à cette conférence en guise de justification. Il est divisé en quatre paragraphes. « Je ne croy pas ni le n'ay jamais cru un seul instant qu'une âme d'oraison en tout estat ne deut pas conserver lexercice de la foy, de l'esperance et de la charité puis que sans cette exercice qui fait la base et le fondement de l'oraison il n'i a point d'oraison, et c'est par l'oraison que ses vertus s'exercent admirablement puisque la foy est la lumiere qui esclere l'âme à l'oraison, que la charité est ce qui la nourrit, soutient et fait vivre l'âme... Il est impossible d'aller à Dieu que par J.-C. et quoy que l'on ne panse pas tousiours à J.-C. dans l'oraison il est sertain pourtant que c'est alors qu'il est l'ami de l'âme et qui luy imprime toutes ses inclinations et une connessance de ses estats tres particuliere. C'est ce qui fait qu'on ayme la croix, qu'on ne voit que la volonté de Dieu... »

Ce manuscrit, très important pour l'histoire du mysticisme au temps de Fénelon, est en même temps un résumé complet et parfaitement original de la doctrine de Mme Guyon, qui rectifie ce que les trois volumes des *Justifications*, attribués à Poiret, peuvent contenir d'inexact et de fantaisiste.

63. — HEINE (Henri), célèbre écrivain allemand, né à Dusseldorf, 1799, mort à Paris, 1856.

L. a. s. au rédacteur du journal *Le Pays*. Paris, 25 déc. 1852, 1 p. in-8 (en français).

Il lui envoie une note qu'il prie de vouloir bien insérer dans un des prochains numéros de son journal, et il ajoute en P.-S. : « Je ne tiens pas à ce que le public sache que cette note vous a été communiquée par moi-même. »

64. — HELVÉTIUS (Claude-Adrien), philosophe, né à Paris, (1715, † 1771).

NOTTES. Manuscrit aut. sig. 7 pages in-4. (VOIR LA REPRODUCTION, PAGE 26).

On y a joint : Un portrait gravé en taille-douce, par Maradan, in-8º.

Ce précieux manuscrit, terminé en forme de lettre, paraît avoir été adressé à *Buffon* en réponse à l'envoi de son ouvrage : *Histoire naturelle de l'Homme*. Helvétius était allé, en effet, rendre visite à ce naturaliste à son château de Montbard, et il lui envoie ses réflexions, exprimées de façon assez crue, sur divers sujets de physiologie, entre autres sur le point délicat de la « puissance virile ».

« On a, dit-on, plus d'ardeur pour les femmes en Afrique qu'au Nord, je n'en sçais rien. Parce que la transpiration des climats chauds devroit rendre les hommes moins fort (sic) sur cet article et que nous sommes à cet égard moins fort dans les grandes chaleurs. Au reste, tout ce que je dis et pourrois dire là-dessus ne signifie rien ; il faudrait pour s'assurer du fait, avoir une douzaine d'hommes du Nord et autant de nègres, les faire coucher devant soy avec des femmes et répéter plusieurs fois cette expérience... Quant au Chinois, il faudroit sçavoir de même s'il couche plus souvent avec une femme qu'un Européen, si ce n'est pas air de leur part, et s'ils ne regardent point ces entreprises libertines comme des politesses que tout homme bien élevé doit au sexe.

et les dieux plus doux sous les climats ou [l'on] est moins exposés aux
tremblements de terres, aux volcans aux inondations, sauf
pendant a [conserver] ces religions cruelles memes dans ces plus doux
climats lorsqu'elles y ont ete apportees par des vainqueurs ou etablies
et perfectionnees par des prestres meschants

Voila Monsieur toutes les idees qui me sont venues a la lecture
du plan de votre magnifique ouvrage, pour connoitre toute mon
estime pour votre [ouvrage] et vos lumieres, c'est ce qui m'a engagé
a jetter dans ordre et dans [arrangement] toutes les idees qui me
[je scavois que je pouvois a un homme d'un grand esprit]
sont passées par la teste. rien n'est si developpées dans ce que je
vous envoie, mais je n'ay pas le tems de soigner cette lettre et
vous m'entendrez a demi mot. J'espere vous voir lorsque vous
[reviendrez] reviendrez a paris et nous en dirons plus en un quart d'heure
de conversation que nous [pourrions] pouvoir ecrire en huit jours, d'autant
a present que je suis occupé d'un ouvrage de tout autre espece
je puis donc d'aune facon vous assurer que je suis avec la plus grande
estime et le plus inviolable attachement votre tres humble serviteur
helvetius

Je sçais bien que lorsque j'étois jeune, je me serois fait scrupule de ne pas f. une femme quand je me trouvois seul avec elle, et que son rang ou son caractère ne m'imposoit point. »

65. — HÉRÉDIA (José-Marié de), poète français né à Santiago de Cuba en 1842, † 1905.

Sonnet autographe signé, paraissant inédit ; une page in-f°, avec corrections et variantes ; superbe pièce.

L'ENLEVEMENT D'ANTIOPE.

Tel qu'un ange élancé du plus noir firmament,
Le Héros a saisi dans sa puissante serre
La Vierge épouvantée et la tient et la serre
Et l'emporte au galop de l'étalon fumant.

66. — HÉRÉDIA (José-Maria de).

Sonnet autographe s. paraissant inédit, une page in-f° avec corrections et variantes.

LA VISION D'AJAX.

C'est Elle ! je la vois, dans la nuit étoilée
Ombre céruléenne et géante. Au ciel clair
La main droite brandit la lance où luit l'éclair
Et l'autre tient captive une Victoire ailée.

67. — HONORÉ III (Honoré de Matignon, dit Grimaldi, dit), **PRINCE DE MONACO** (1720-1795).

Lettre s. Paris, an III, une p. petit in-4.

TRÈS RARE. Lettre écrite un an avant la mort du Prince et lorsqu'il était dans la plus grande misère. « J'ai appris avec plaisir, citoyen, que vous avez été nommé pour être à la tête de l'administration des charrois et convois militaires. — Je demande qu'on retire de ma maison les charrois et chevaux qu'on y a logé. »

68. — HUGO (Victor), illustre poète et écrivain, né à Besançon, (1802, † 1885).

Lettre aut. sig. (V. H.), à *Paul* (*Foucher*). Bruxelles, 3 avril, 3 p. in-8.

Superbe lettre relative aux représentations d'*Hernani* à la Comédie-Française. « Est-ce que le théâtre français veut tuer le succès d'*Hernani* avec ce système de relâches coup sur coup ? Jadis, on savait *Hernani* en double ; c'est même la loi au théâtre français. Mais il y *(sic)* paraît qu'il y a exception pour moi (c'est-à-dire contre moi). » La lettre a trait également à un projet de biographie du poète : « Ton enveloppe contient une ébauche informe ou biographie nous concernant (les *Hugo*, les *Foucher*, etc.) avec fortes inexactitudes et originalités. » La lettre du poète se termine curieusement : « De mioche à môme, mon petit-fils embrasse le tien. »

69. — HUGO (Victor).

L. a. s. à **CHARLES BAUDELAIRE**, Hauteville-House, 18 déc. 1859, 2 pages petit in-4, avec suscription.

Belle lettre au sujet de la pièce de vers : LE CYGNE (la 113° des *Fleurs du Mal*) dédiée à Victor Hugo. « Comme tout ce que vous faites, votre cygne est une idée. Comme toutes les idées vraies, il a des profondeurs. Ce Cygne dans la poussière a sous lui plus d'abîmes que le cygne des eaux sans fond du lac de Gaube. » Ces abîmes on les entrevoit dans vos vers — pleins d'ailleurs de frissons et de tressaillements. *La muraille immense du brouillard, la douleur comme une bonne louve...* Soyez tranquille, je ne lirai votre *Poé* que lorsque vous me l'enverrez. Je comprends votre susceptibilité, moi qui ai fait faire, pour des virgules, onze cartons pour *la Légende des siècles...* J'ai relu avec un extrême intérêt votre beau travail sur notre grand poète *Th. Gautier.* »

70. — **HUGO** (Victor).

Lettre aut. s. (V), à Paul Foucher. S. l., 16 septembre (1843), 3 p. in-12, avec suscription.

Superbe lettre au sujet de *la mort de sa fille.* « Mon pauvre Paul, mon bon Paul, tes vers sont déchirans et ravissans à la fois ; ils m'ont remué les entrailles, je t'en remercie, mais je ne puis me séparer de ce portrait. Figure-toi, mon pauvre ami, qu'elle l'avait fait faire pour moi, qu'elle allait tous les jours avant son mariage chez M. Édouard Dubufe pour cela, qu'elle me l'a donné avec son dernier adieu ; je l'avais couché dans le lit comme mon enfant, comme mon trésor ; en arrivant, c'est la première chose que j'ai cherchée ; ne le trouvant pas, j'ai tout remué dans ma chambre ! comprends cela, pardonne-moi si, après tes charmants vers, je ne devrais rien te refuser ; je te refuse pourtant ce portrait ; pardonne-moi ; c'est mon ange, vois-tu, il faut qu'elle soit près de moi. »

71. — **HUGO** (Victor).

Lettre a. s. (V.), à *Paul Foucher.* Schiedam, s. d. (1861), 3 p. in-8, avec suscription (beaux timbres de Hollande avec l'apostille : *Franco*) ; légère déchirure, atteignant à peine le texte, causée par la rupture du cachet.

Très intéressante lettre. « J'ai fini ce gros livre, et je tâche de jeter au vent le reste des fumées de cette fournaise qui me remplissait la tête ; je te remercie de tes bonnes paroles sur les *Misérables,* et je n'attends pas moins de toi ; je ne pense pas que les *Misérables* paraissent avant huit ou dix mois... Il y a peut-être dans les *Misérables* matière à plus d'un drame. L'ouvrage paraîtra en trois parties qui auront chacune un titre spécial. L'œuvre gravite autour d'un personnage central ; c'est une sorte de système planétaire, autour d'une âme géante, qui résume toute la misère sociale. »

72. — **HUGO** (Victor).

AUX ALLEMANDS, AUX FRANÇAIS, AUX PARISIENS. Paris, 1870, brochure imprimée, de 16 pages in-8, avec dédicace aut. signée (*V. H.*), à *M. Montégut* ; sur la couverture, *Maurice Montégut* a écrit : « *Réponse de Victor Hugo* à une lettre que je lui avais écrite le 16 octobre 1870. »

Brochure extrêmement rare, qui se vendait cinq centimes, au profit des blessés ; sur le titre les mots autographes : *« Espoir et louange. V. H. ».*

ON Y A JOINT un fragment autogr. de 16 lignes d'une pièce de vers *inédite*, avec texte déchiffré :

> *N'est-il pas lugubre de dire*
> *Que la porte sombre est sous clé ?*
> *Que la terre où l'homme respire,*
> *Est comme un manuscrit roulé.*, etc.

HUMMEL. — Voir n° 74 du Catalogue. (Réduit)

73. — HUGO (Victor).

LITTÉRATURE ET PHILOSOPHIE MÊLÉES. *Journal des idées, des opinions et des lectures d'un jeune jacobite de 1819.* — Fragments de critique. — Sur André Chénier. — Introduction historique.

Manuscrit de diverses mains (*Mme Drouet, Mme Victor Hugo*, etc.), avec CORRECTIONS AUTOGRAPHES DE VICTOR HUGO ; ens. 100 pages environ, in-4.

Important manuscrit dont plusieurs parties paraissent inédites. Certains chapitres sont inachevés. Quelques pages sont formées de coupures de revues, fortement chargées de corrections.

74. — HUMMEL (Jean-Népomucène), illustre pianiste et compositeur allemand né en 1778, † 1837.

DUETT AUS JEANNOT UND COLIN. *Manuscrit autographe n. s.* ; partition pour piano et chant (le texte du chant, au crayon fixé) ; 16 portées quadruples sur 6 pages in-4 ; couverture papier bleu ancien. (VOIR LA REPRODUCTION, PAGE 29).

Superbe pièce, bien complète, provenant de la célèbre collection d'*Aloys Fuchs*, qui a apposé sa signature sur la couverture avec la date 1824 et une attestation d'authenticité. L'opéra *Jeannot et Colin* n'est pas cité dans le *Quellen-Lexikon* d'Eitner.

75. — INSTITUT DE FRANCE.

ÉTAT DES INDEMNITÉS DES MEMBRES DE L'INSTITUT IMPÉRIAL DE FRANCE, non compris les droits de présence, pour le mois de janvier 1813. 9 pages in-f° avec 157 signatures aut. des membres de l'Institut. (Les deux derniers feuillets raccommodés.)

Superbe pièce, donnant le chiffre des indemnités annuelles et mensuelles des membres de la classe des sciences de langue et littérature française, d'histoire et de beaux-arts, avec leur émargement. SIGNATURES AUTOGRAPHES de Lagrange, Laplace, Bossut, Legendre, Prony, Carnot, Cassini, Lalande, Arago, Gay-Lussac, Poisson, Berthollet, Guyton-Morveau, Vauquelin, Thénard, Haüy, Lamarck, de Jussieu, Parmentier, Lacépède, Geoffroy Saint-Hilaire, Corvisart, Delambre, Cuvier, Volney, Bernardin de Saint-Pierre, Delille, Morellet, Parny, Daru, Raynouard, Lakanal, Pougues, Silvestre de Sacy, Quatremère de Quincy, Houdon, Méhul, Gossec, Grétry, etc., etc., etc. La pièce débute par l'indemnité de 100 fr. attribuée à sa Majesté l'Empereur (qui n'a pas signé).

76. — JASMIN (Jacques Boë, dit), le plus célèbre poète agenais, né à Agen (1798-1864).

a) *Lengo Gasconno, lengo Francezo, as cranto sabeus de Paris*, poésie ; ms. aut. s. 4 pages in-f° (de forts raccommodages).

Superbe pièce, de 112 vers, en dialecte gascon :

Quin brut dins Agen s'esplaudis ?
Quin brounzinomen dins la prddo ?
La Muzo des caus balizddo
Pes cranto sabens de Paris...

b) A Moussu Villemain. Ms. a. s. 1853, une p. in-f° en hauteur avec note aut. 1 page in-32.

Poésie, de 41 vers, en dialecte gascon, adressée à Villemain, pour le remercier d'avoir dit, en séance publique de l'Académie : « Jasmin, cette gloire de sa patrie locale, dans la patrie commune, mérite d'être adopté par la France entière et proclamé par elle ; Racine ne nous en blâmerait pas. » La poésie de Jasmin commence par ces vers :

> *Mèstré, quand lou mètjour, en gran me festejâbo :*
> *Saban câdo ramèl qu'à moun èl luzissio,*
> *Sans doulo, un ange m'adujâbo.*

77. — JASMIN (Jacques).

Poésie autographe signée (en gascon); *Fragment d'Epître à Moussu Boilly.* Toulouse, 1844, une page in-12.

On y a joint : *a)* Traduction française de la pièce précédente, de la main du peintre Boilly, avec cette note aut. signée : « Le portrait que j'ai fait de Jasmin est maintenant au musée de Narbonne », une page in-12.

b) Un portrait de Jasmin, dessiné au crayon (fixé), par *Boilly* (n. s.); 16 cm. × 22 (superbe pièce). (VOIR LA RE-PRODUCTION, planche hors texte).

c) Une photographie du portrait de Jasmin peint à l'huile par Boilly (musée de Narbonne), avec 6 lignes aut. s. (au crayon), de Boilly.

JOSÉPHINE. — Voir n° 78 du Catalogue.

78. — JOSÉPHINE, Impératrice des Français, première femme de Napoléon Ier, née à Trois-Retz (Martinique) (1763, † 1814).

Lettre aut. s. (LAPAGERIE BONAPARTE), à BARRAS. S. l. n. d., 1/2 page in-12. (VOIR LA REPRODUCTION CI-DESSUS).

« Je n'ai point vue *(sic)* Joseph ; mon cher BARRAS, j'ai appris qu'il avait reçu une lettre de Bonaparte, j'en sais quelques détails, si vous pouvez v nir ce soir, je désire causer avec vous. Adieu, excellent ami, mon amitié pour vous est éternelle. »

Cette lettre a été écrite par Joséphine à l'un des moments les plus critiques de son existence. Bonaparte, alors en Égypte, renseigné sur les infidélités notoires de sa femme, avait écrit à son frère Joseph pour lui faire part de son intention de divorcer dès son retour en France. Joseph avait cessé de payer la pension annuelle de 40.000 livres que Bonaparte faisait à sa femme. Criblée de dettes (elle venait d'acheter la Malmaison à crédit) et menacée du divorce, Joséphine écrit à son excellent ami et ancien amant Barras.

79. — KIPLING (Rudyard), célèbre écrivain et poète anglais, auteur du *Livre de la Jungle.*

Feuillet d'album autogr. signé donnant un fragment de la 7e scène du 2e acte du *Marchand de Venise* (scène des coffrets), suivi des lignes ci-après : « I can give you nothing equal to this. To my mind it has never been surpassed, nor will it ever be. » 1912, 1 p. pet. in-8. *Les autographes de Kipling sont très rares.*

80. — LAMARTINE (Alphonse Prat de), poète et homme politique, né à Mâcon, (1792, † 1869).

Lettre aut. signée (L.), à Dargaud. (Paris, 1837), une page in-8, cinq mots biffés, suscription.

« Merci, Votre suffrage me vaut un public. Quel chagrin avez-vous donc ? Je l'ignore. Nous parlons souvent de vous avec Michelet. Je voudrais empêcher le ministre Thiers et ses honteuses alliances de faire les élections. C'est toute ma politique. Vous savez comme je me tourmente peu de l'opinion des journaux ; ce sont des chiens qu'on n'a qu'à siffler pour les ravoir.» Lamartine a dédié à Dargaud une poésie des *Recueillements poétiques,* et il en parle en ces termes : « M. Dargaud, jeune écrivain du plus haut talent, vient de donner une nouvelle traduction des Psaumes. »

81. — LAMARTINE (A. de).

36° CONSEIL AU PEUPLE. CONSPIRATION. **MANUSCRIT ENTIÈRE-MENT AUT.** signé, 51 pages in-4, foliotées 1-55, en un vol. bradel percal.

Article paru en janvier 1851, dans le *Conseiller du Peuple,* contre la dictature de Louis-Napoléon-Bonaparte. Les pages 23, 24, 28 et 29 du manuscrit manquent ; mais ceci paraît être le résultat d'une erreur de pagination, car le texte semble complet.

82. — LAMARTINE (A. de).

A M. LE REDACTEUR DE LA PRESSE, article pour un journal ; manuscrit autogr. signé, 13 pages in-4, avec épreuves typographiques ; corrections autographes, deux pages placards in-4, en un volume bradel percal.

Éloquente défense de la représentation nationale. Sur les épreuves typographiques, l'auteur a changé le titre en : *Observations sur la proposition de M. de Laroche-Jacquelein.* Très belle pièce. Les épreuves typographiques corrigées par Lamartine sont fort rares.

83. — LAMARTINE (A. de).

L. a. s. à un de ses compatriotes. Macon 1832, 2 p. 1/2 in-4.

Très intéressante lettre au sujet d'une grave maladie de sa fille. IL PARLE DE SON ENTRÉE DANS LA CARRIÈRE POLITIQUE : « Si quelque chose pouvait m'attacher davantage au pays où nous sommes nés ce serait certainement le bonheur d'y être entouré d'une bienveillance comme celle que vous exprimez. Quelque soit l'issue de la lutte politique, je me féliciterai d'avoir dû à cette circonstance les témoignages de sympathie de vous et de vos amis. Quant à l'élection en elle-même, je ne la désire pas, je n'en accepte pas la candidature positive, je reste absolument neutre d'action et de parole dans la question ; neutre, je me trompe, je fais des vœux ardents contre moi ; seulement si par l'effet d'un intérêt dont je suis vivement touché et d'une conviction politique semblable, je venais à recevoir ce mandat impératif à mes yeux de vous et de vos amis ; je ne me croirais pas dans ma conscience en droit de le décliner.

84. — LAS-CASES (Emmanuel-Augustin-Dieudonné-Marie-Joseph, marquis de), historien, né en 1766, † 1842.

Lettre a. s. à V. de la Pelouse. Rouen, 1822, 3 p. in-4, avec suscription.

Très curieuse lettre au sujet d'une altercation ayant eu lieu entre l'auteur et sir Hudson Lowe, ancien gouverneur de Sainte-Hélène. M. de Las-Cases a transcrit de sa main un article paru à ce sujet dans le *London Packet* du 25 octobre 1822. « Je viens d'arriver et ai eu effectivement beaucoup de peine à échapper aux officiers de justice de Bow-Street et de Marry-le-Bonne, auxquels sir Hudson Lowe a remis le soin de réparer son honneur outragé. Ce gentleman a obtenu un warrent contre moi, m'accusant *to have assaulted him*. J'avais déjà écrit à sir Hudson que s'il voulait se conduire en homme d'honneur, j'étais prêt à lui répondre. Je serais bien aise si vous pouvez placer des détails dans votre journal. »

85. — LECONTE DE LISLE, célèbre poète, né à l'île Bourbon, 1818, † 1893.

HYMNES ORPHIQUES. Manuscrit autogr. signé, 13 feuilles ayant servi à l'impression ; grand in-8,
Superbe pièce, bien complète des dix parties :

Parfum des Nymphes : Les Aromates. — *Parfum de Hélios* : Apollon. — *Parfum de Sélène* : Le Myrte. — *Parfum d'Artémis* : La Verveine. — *Parfum d'Aphrodite* : Le Myrrhe. — *Parfum de Nyx* : Le Pavot. — *Parfum des Néréides* : L'Encens. — *Parfum d'Adonis* : L'Anémone et la Rose. — *Parfum des Erinnyes* : L'Asphodèle. — *Parfum de Dan* : Les Aromates.

86. — LEMAITRE (Frédérick), artiste dramatique, (1800, † 1876).

Deux lettres a. s. à ALEXANDRE DUMAS. S. l. (Paris), 1839, ens. 3 p. in-8 et in-4.

On y a joint : a, Un billet aut. s., une p. in-8, intercalé dans une brochure biographique sur Lemaître, par R. de Douville, 1876.

Très jolies et très spirituelles lettres. « Mon bon camarade Dumas, je reçois votre petit billet... un jour j'étais en haut du clocher de la cathédrale de Strasbourg ; vint un éclair suivi d'un coup de tonnerre qui me fit voir trente-six chandelles ; il en est de même de votre dit billet. Comprends pas ?... Je joue demain *Ruy Blas...* »

b) 49 lettres adressées à Frédérick Lemaître, par Victor Herbin, Adolphe Dumas, Dumanoir, du Mersan, Edouard Plouvier, Victor Séjour, Goubaux, Paul Foucher, Paul Féval, Antony Béraud, Théodore Barrière, Hippolyte Lucas, Jules Janin, Nestor Roqueplan, Anicet Bourgeois, Eugène de Mirecourt, Paul Meurice, etc. Environ 50 pages.

87. — **LOTI** (Louis-Marie-Julien *Viaud*, dit Pierre), romancier, né à Rochefort, 1850-1923.

Lettre a. s. à *Robert Scheffer*, s. d., 3 pages in-4.

« Votre visite annoncée me fait un vrai plaisir. Il faut vous arranger pour rester au moins deux ou trois jours ; j'espère que la reine (Robert Scheffer était à cette époque secrétaire de la reine de Roumanie, Carmen Sylva) vous le permettra. Vous trouverez ici vos manuscrits, et je vous dirai mon appréciation complète. J'ai reçu ce matin même les épreuves à corriger des *Pensées d'une Reine* et je me sens tout à coup bien effrayé de la responsabilité que j'ai prise... Je voudrais voir disparaître ça et là, quelques pensées qui, en français, ne sont pas assez claires. Mais si j'allais gâter une œuvre originale ? »

88. — **LOTI** (Pierre).

Lettre aut. s. S. l. n. d., 6 pages in-12.

Curieuse lettre, qu'il appelle « une petite lettre d'affaires écrite à la diable ». Visite à Camille Doucet « qui, vous le savez, fait à l'Académie la pluie et le beau temps Il m'a assuré des bonnes dispositions de tous ses collègues pour Madame Carmen Sylva. La difficulté, a-t-il dit, c'est qu'elle est étrangère ; comme nous voudrions lui donner un prix qui en vaille la peine, nous en causerons ensemble à l'Académie. Je suis allé voir Lévy qui s'engage à rééditer les *Pensées* avant le 25 décembre. »

89. — **LOUIS XIV** (Cour de).

CONTRAT DE MARIAGE de Messire Edme-Claude-François-Louis de Simiane, comte de Moucha, et de damoiselle Anne-Marie-Thérèse de Simiane de Gordes ; *pièce manuscrite signée par Louis XIV et par la plupart des personnages de sa cour* ; 18 mars 1682, 18 pages in-fº sur papier timbré à dix-huit deniers la feuille ; relié en un volume in-fº, veau, dos orné, semis de fleur de lys sur les plats. (Reliure anglaise moderne).

Superbe pièce. Ce contrat, passé à Saint-Germain-en-Laye, est une pièce d'un intérêt exceptionnel, à cause du nombre considérable de signatures (58) dont elle est couverte, sur trois pages in-fº. Louis de Simiane était neveu de Louis-Marie-Armand de Simiane de Gordes († 1695), évêque de Langres, et premier aumônier de la reine Marie-Thérèse, que l'on appelait familièrement « le bon Langres » (Saint-Simon). C'est lui qui avait obtenu que Leurs Majestés, avec toute la cour, vinssent donner leur signature au contrat. — On y relève les noms des personnages suivants : Louis XIV (signature rigoureusement autographe) ; la reine Marie-Thérèse ; Louis, fils de Louis XIV, dauphin de France, dit Monseigneur ou le Grand Dauphin (1661-1711) ; Marie-Anne-Christine-Victoire de Bavière, sa femme, morte en 1690 ; Philippe de France, duc d'Orléans, frère du Roi, appelé Monsieur (1640-1701) ; Élisabeth-Charlotte-Anne, sa fille (1676-1744) ; Anne-Marie-Louise d'Orléans, sœur de celle-ci (1669-1728) ; Marguerite-Louise d'Orléans (1645-1721), fille de Gaston d'Orléans, femme de Cosme III, grand-duc de Toscane ; Louis de Bourbon, dit le Grand Condé (1621-1686) ; Anne-Palatine de Bavière ; Marie-Thérèse de Bourbon, dite Mⁿᵉ de Bourbon, plus tard princesse de Conti ; Anne-Marie-Thérèse de Simiane (la mariée), qui épousa plus tard en secondes noces Charles Pot, marquis de Rhodes ; Louis-Marie-Armand de Simiane, évêque de Langres ; Anne de Mantoue, femme de Charles III, duc de Mantoue ; Marie-Éléonore d'Autriche, fille de l'empereur Ferdinand III (1655-1697), reine de Pologne, et, en secondes noces, femme de Charles, duc de Lorraine et de Bar ; Anne de Rohan-Chabot, princesse de Soubise (1688-1709) ; Marie-Louise-

Gabrielle de Savoie (1688-1714), sœur cadette de la duchesse de Bourgogne, devint reine d'Espagne en 1701 ; Thomas de Savoie ; Charlotte de Cochefilet ; princesse de Guéménée ; Emmanuel II, comte de Crussol, duc d'Uzès († 1692) ; la duchesse d'Uzès, sa femme ; Toussaint de Forbin de Janson, évêque de Beauvais († 1713) ; Charlotte Gouffier de Rouanez, duchesse de La Feuillade († 1683), célèbre par son attachement à Port-Royal ; Constance de Bretagne de Clisson ; Ch.-M. de Saulx-Tavanes (1649-1703), lieutenant de Bourgogne, marié à la sœur de Daguesseau, sorcière ; Gilbert de Choiseul, évêque de Tournai († 1689) ; Françoise-Marguerite de Sévigné, comtesse de Grignan (1646-1705), fille de Mme de Sévigné ; le chevalier de Grignan, etc., etc.
CETTE SUPERBE PIÈCE DE VITRINE, D'UNE VALEUR CONSIDÉRABLE, EST UN MONUMENT PRÉCIEUX POUR L'ÉTUDE DE LA COUR DE LOUIS XIV.

90. — **LOUIS XIV**, roi de France, 1638-1715.

Pièce signée, avec contresignature de Jean-Baptiste COLBERT, marquis de Seignelay (1651-1690). Fontainebleau, 1684, une page in-f°, sceau.

Ordre de conduire à Dijon « les criminels condamnez aux peines des galères, qui sont dans les prisons de notre parlement de Metz, jusqu'à ce qu'ils puissent estre joints aux condamnés du parlement de Paris, qui doivent passer par la dicte ville. »

91. — **LOUIS-PHILIPPE**, roi des Français, et **MARIE-AMÉLIE**, reine des Français.

a) Lettre a. s. (paraphe) de Louis-Philippe à son fils le duc de Nemours. Paris, 1840. 4 pages petit in-4, avec enveloppe, cachet et suscription : « *A mon Bien-Aimé Fils le Duc de Nemours, à Lunéville* ». (Léger raccommodage).

Superbe lettre. « Mon cher ami, j'ai appris ce matin avec un vrai chagrin le coup de pied de cheval que tu as reçu. On me dit que cela n'aura pas de suites ; il ne faut pas marcher trop tôt, encore moins monter à cheval. C'est le 15 décembre qu'aura lieu la cérémonie des Cendres de Napoléon, et avant tout il faut savoir si tu seras en état d'y assister, car s'il y en avait le moindre doute, je t'engagerais à n'y pas venir, et je te garantis que cela n'aurait aucun inconvénient. »

b) Lettre a. s. (A.) de la reine Marie-Amélie, au même. Neuilly, 1844, 3 p. in-12, papier à son chiffre.

« Nos différends avec l'Angleterre sont arrangés, ce qui est un grand soulagement pour le malheureux Père, etc. ».

92. — **LOUIS-PHILIPPE**. — **MAISON DU ROI**.

Important dossier de 115 PIÈCES ENVIRON, la plupart manuscrites sur formules imprimées, en divers formats, relatives aux divers services de la maison de Louis-Philippe, de 1832 à 1847.

Toutes les pièces de ce dossier, adressées à Charles Debuquoy, contrôleur de la bouche du Roi, forment un ensemble d'une valeur inestimable qui nous révèle dans ses plus petits détails toute l'organisation de la maison de Louis-Philippe : Service de la bouche du Roi, état du personnel, traitements, dépenses de comestibles, menus, banquets, cantines froides pour le personnel de la Reine des Belges, achats de poisson, laiterie, petits fours, commandes de boulangerie, achats de fruits au potager du palais de Versailles, factures d'épiceries des fournisseurs. Ser-

VICE DE SANTÉ DU ROI, ordonnances, congés pour maladie aux aides de cuisine, rôtisseurs, pâtissiers de la bouche, chefs d'entremets, etc. THÉATRE DU ROI, programmes de représentations, listes d'invités avec leur placement nominatif au théâtre des Tuileries. RÉCEPTION DE LA REINE D'ANGLETERRE VICTORIA, composition de son breakfast et de son lunch, logement du personnel de sa suite. RÉCEPTIONS AUX TUILERIES, organisation du buffet, pâtisseries et glaces ; protocole de défilé avec nom des invités, emplacement nominatif des domestiques et valets, plan de tables de banquet, réception du jour de l'an. VOYAGES à Compiègne, Fontainebleau, Versailles, Dreux, etc., etc...

93. — **LOUYS** (Pierre-Louis, dit), poète et romancier.

Lettre aut. non. s. s. l. 1913, 5 pages petit in-4.

Très intéressante lettre, au sujet de la *Bouquinade de Ronsard*. « Vos deux notes m'ont fait aller à la Nationale. J'ai voulu voir ce ms. Colbert où la pièce était signée **Maschefer** ; il est naturel qu'un ronsardisant ait repris un personnage de *Ronsard* pour en composer l'épitaphe ; mais qu'il ait été capable d'écrire la *Bouquinade* lui-même, c'est ce que je ne pouvais concevoir, et le manuscrit ne le prétend pas. » Longue dissertation sur un autre ms. de la Bibliothèque Nationale sur les poésies de Mlle de V. V., amie de Desportes ; il l'attribua à Bélotte de Vivonne, ou Mlle de Vitry ou à Mlle de Vulcob. « Vous allez me demander où j'ai pris un nom pareil ? Mais simplement dans le ms. 1718, en tête des poésies. Rietstap cite la famille de Vulcob, originaire du Berry, et je ne le retrouve nulle part au XVIe siècle. »

94. — **LOUYS** (Pierre).

L'AVENTURE EXTRAORDINAIRE DE MADAME ESQUOLLIER. *Manuscrit autographe signé.* 19 p. in-4, en un volume demi-bradel chagrin, avec coins.

Très beau manuscrit, d'une écriture très soignée.

96. — **LOUYS** (Pierre).

LA MAISON SUR LE NIL, OU LES APPARENCES DE LA VERTU. Paris, librairie de l'Art Indépendant, 1894. Exemplaire en *premières épreuves typographiques, avec très nombreuses corrections autographes,* un vol. in-12, demi-bradel percale.

Épreuves fort intéressantes par le nombre des corrections. Un alinéa entier ajouté page 18.

97. — **LOUYS** (Pierre).

ISTHI. Un des 350 exemplaires sur vélin d'Arches (n° 56), 1916, in-8, oblong, couv. or. avec *dédicace aut. s. (P. L.),* à *Paul Mounet.*

On y a joint une lettre aut. signée au même, une page 1/2 in-12.

Très belle dédicace : « *A Paul Mounet, en souvenir du 7 octobre 1896 où j'ai vu, du même regard, l'autorité de son visage et le Tsar stupéfait d'être tutoyé.* » — La lettre dit : « En lisant mes épreuves, j'ai pensé à vous. Ces vers semblent écrits pour votre voix. Seule votre gorge les dirait, s'ils pouvaient être dits ; mais je ne les destine pas au public. »

98. — LOUYS (Pierre).

Lettre a. s. à Monsieur.... ; Biarritz, 1903, 4 p. in-12.

Il demande à son correspondant de lui faire savoir si **M. B...** qui lui a demandé de lui faire l'aumône d'un de ses vieux vêtements, n'est pas un mendiant de profession. « Vous savez peut-être que je suis un écrivain assez connu, apparenté à deux académiciens et collaborateur de plusieurs journaux. Comme tel, je reçois de fréquentes demandes de secours, et j'y réponds toujours en principe. C'est ainsi que j'ai eu déjà occasion de rendre service à M. B. Malheureusement, j'ai fini par comprendre que ces demandes de secours venaient presque toutes d'une agence de mendicité, et que les postulants se présentaient avec de faux titres, de fausses pièces et de fausses signatures officielles. J'en ai fait la preuve par les deux dossiers qui méritaient la Cour d'assises. »

99. — LOUYS (Pierre).

Ms. aut. s. 1901, 2 p. 1/2 in-4.

« LETTRE-PRÉFACE » adressée à « Monsieur et cher confrère » *et qui n'a jamais été publiée.* Le ms. débute ainsi : « Les préfaces ne sont inutiles que si elles expriment simplement des éloges ou des politesses. Leur objet les excuse dès qu'elles se proposent d'avertir le lecteur d'une esthétique individuelle dont il ne prendrait pas toujours la peine d'étudier la méthode et le caractère », etc.

100. — LOUYS (Pierre).

PAROLES DE VERLAINE. *Manuscrit original aut. signé.* 12 p. in-4, ayant servi à l'impression, en un vol. demi-bradel chagrin avec coins.

Beau manuscrit avec très nombreuses ratures.

101. — LORRAIN (Jean), poète et romancier.

QUINZE LETTRES aut. s. *à un homme de lettres.* 1902-1904, ens. 32 pages in-12.

Correspondance littéraire des plus curieuses. « Vous suivez les débats de l'affaire Greuling Popescu, et vous avez vu comment cet assassin m'y arrange : je couche sur des draps bleus et ai des yeux de vipère ; il serait pourtant bon de finir une fois pour toutes avec toutes ces légendes. Je me permets en vieux routier de métier de vous indiquer un article sensationnel sous ce titre : *L'homme aux yeux de vipère, par l'écrivain Scorpion...* Vous ne vous doutez pas de ma vie : depuis que je suis ici je n'ai pas encore pu ranger ma bibliothèque ; mes épreuves ne sont pas encore dépliées, et je suis venu ici pour faire des romans ! Le temps mange la vie ! Je vous hais. Je hais tout ce qui m'empêche de vivre ma vie : je hais jusqu'à Jammes qui m'écrit huit pages et m'oblige à lui répondre. »

102. — MACDONALD (Alexandre), maréchal de France, duc de Tarente.

L. a. s. à *Barras,* an VII, 1 p. in-4 ; en-tête imprimé avec *la grande et belle vignette de Macdonald,* général de l'armée d'Italie.

Jolie lettre où il fait l'éloge de la conduite honorable de l'adjudant général Maurice Mathieu au moment de la révolte romaine.

103. — **MADEMOISELLE FIFI**, drame tiré par *Oscar Méténier* de la nouvelle de *Guy de Maupassant*. Ollendorff, 1896, in-8, maroquin souple, couv. Ed. originale.

On y a joint : *a)* Deux lettres a. s. de GUY DE MAUPASSANT, ens. 3 p. in-12, avec enveloppes.

b) Deux lettres a. s. de sa mère, Mme *Laure de Maupassant*. 1894, ens. 6 p. in-12 (donnant des détails très intéressants sur la pensée qui a guidé son fils en écrivant *Mademoiselle Fifi*.

c) L. a. s. du *Dr Baluto* de Nice. 1897, 4 p. in-8 (au sujet des représentations de la pièce au Grand-Guignol).

d) Télégramme adressé à Mme Laure de Maupassant et deux télégrammes de celle-ci au directeur du Grand-Guignol.

e) Programme de la 100e représentation de la pièce. 24 octobre 1897.

104. — **MAETERLINCK**, homme de lettres belge, né à Gand, en 1862.

SEPT POÈMES : I. *Elle l'enchaîna dans une grotte*. II. *Ils ont tué trois petites filles*. III. *Les trois sœurs aveugles*. IV. *J'ai cherché trente ans*. V. *Vous avez allumé les lampes*. VI. *Les filles aux yeux bandés*. VII. *Les sept filles d'Orlamonde*. Manuscrit autographe, n. s. 7 pages in-4, feuillets séparés.

On y a joint : Une lettre a. s. à un poète. S. l. n. d., 2 p. in-12.

Lettre annonçant l'envoi de ces poésies. « J'ai fait bien peu de vers depuis deux ou trois ans, et ceux que j'ai faits ne valent vraiment pas qu'on les traduise. Pouvez-vous admettre les trois ou quatre petites pièces que vous trouverez ci-inclus ? »

105. — **MAINTENON** (Françoise d'Aubigné, marquise de), mariée à Louis XIV, née à Niort, 1635 † à Saint-Cyr, 1719.

Lettre aut. signée. S. l., 15 mars (1695), 3 pages in-4.

LETTRE PARAISSANT INÉDITE. Ne se trouve pas dans la *Correspondance générale de Madame de Maintenon*, publiée par Th. Lavallée, Paris, Charpentier, 1866. Elle devrait prendre place entre celle de février, s. d. et celle du 28 avril 1695. Elle est simplement datée du 15 mars, et le millésime 1695 a été ajouté, d'une main du XVIIe siècle. « Mr. de Caylus est venu m'advertir qu'un capitaine de son régiment vouloit quitter la compagnie si on vouloit luy donner cinq ou six cens pistolles ; j'ay d'abord songé à Mr. de la Rocheferrière et ie lay envoyé chercher pour luy proposer ; il m'a répondu que Mr. son Père ne pouvoit luy donner aucun secours. Si cela est il faut conter que ce ieune gentilhomme ne fera iamais rien et que cest luy couper la gorge que de ne le mettre pas dans le service. Après cela ce seroit à luy à y subsister et à ly pousser par son merite mais si on le laisse sans aucune ayde il ne peut rien faire... »

106. — **MALHERBE** (François de), poète, né à Caen, 1555, † 1628.

Lettre aut. signée (paraphe). S. l. n. d., une page in-f°. (VOIR REPRODUCTION, PAGE 39).

Superbe lettre amoureuse, adressée à « Caliste ». Elle figure, sous le n° 78, dans le tome IV

Il y a ma Rettrois ou quatre heures q̃ nous estes
partie mais rest au conte des cadrans et des
horloges . au mien il y a mil ans et mille siecles
que ie fuis sans dauoques nous Voila pourquoy ie ne
crois pas que ie pluffes commencer trop tost à
nous escrire , Les douceurs de vostre diuine
conuersation sont perdues, Il faut voir comme
me les remplasser en q̃que chose puis qu'il ny a
rien au monde que les vaille mais de trouuer
en quelque remedde la consolation den estre
priué . Le mal est que les parolles que nauos
ny Iuges ny témoins q̃ nous mesme estoient
Libres. Et que les lettres que la fortune
peut faire choir es mains estrangeres
demeure vritablement indiscrettes sy elles ne
taysoient quelque chose de ce q̃ la passion leur
uoudroit faire exprimer. Ie nous adirois
volontiers q̃ nous estes la chose du monde que
iaime et q̃ i adore le plus, car autrement Il
ne se peut trouuer rien de plus veritable . mais
puis qu'il y a des considerations qui preuiennent dee
borner a ma hardiesse, il me suffira de nous
Iurer q̃ ie ne connoys rien au Monde qui soit aimable
et adorable si vous ne l'estes. opinion say chargé
ma memoire de la glorieuse idée de vos incomparable merites
toc . du plus precieux et agreable depost que ie luy bailley
iamais en garde . ne doutez point q̃ ce ne fasse
sondenous de men entretenir. Donc puis que iay
des vray beles esprit semagina q̃ luy plaist . car que ie ne
lest dispose . ie vous en supplie tres humblement . et de termine
soys q̃ u sas vos treschers noms au tres fort de
sentisson et de respect . Adieu ma q̃ ie vous donne
a non vos idées que ie croy mieux exprimer le pouuoir
absolu q̃ vous avez sur moy. Vostre tres humble etc.

MALHERBE. — Voir n° 106 du Catalogue.

de l'édition des *Œuvres complètes de Malherbe*, par Ed. Lalanne, mais cet éditeur en a maladroitement rajeuni l'orthographe par instants bien qu'il dise : « Cette lettre est la deuxième du livre III dans l'édition de 1630 (p. 670). Nous en avons revu le texte sur un autographe appartenant à M. Chambry, qui nous l'a communiqué avec beaucoup d'obligeance. » Caliste n'était autre que Charlotte Juvénal des Ursins, mariée à Eustache de Conflans, vicomte d'Auchy ou Ochy, chevalier des ordres du Roi. Elle forma une petite cour de poètes et de savants qui précéda l'hôtel de Rambouillet, mais elle se rendit ridicule par ses prétentions à la littérature. Si l'on en croit Tallemant des Réaux, elle était laide et « avait un teint de malade ». La lettre de Malherbe débute ainsi : « Il y a, ma Re(ine), trois ou quatre heures que vous estes partie mais cest au conte des cadrans et des horloges au mien il y a mil ans et mille siecles que ie suis hors davecques vous. Voilà pourquoy ie ne crois pas que ie puisse trop tost commenser à vous escrire. Les douceurs de vostre divine conversation sont perdues. Il faut voir non de me les remplasser en quelque chose, mais de trouver quelque remède... »

107. — MALLARMÉ (Stéphane), poète français, né à Paris, (1842, † 1898).

Deux lettres a. s. à « mon cher poète » (Marius André), 1888, 8 pages in-12 (petit trou dans le papier blanc de 2 pages).

Remerciements pour l'envoie de vers. « Vous, c'est commencer comme il faut, que tenter le poème long, composé et lancé à la fois : il vous en restera toujours une fièvre, en dessous, qu'un raffinement excessif au début risque d'étouffer... J'ai entièrement cessé de collaborer à tout journal ; faute de temps, le mien est pris par la dureté de l'existence, et l'acharnement à une œuvre de solitude. »

108. — MALLARMÉ (Stéphane).

SONNET (sur le rythme de la Renaissance anglaise), aut. signé, 1 p. in-4 (le papier blanc perforé de deux petits trous), paru dans *Poésies*, Deman 1899 ; une variante inédite. (VOIR LA REPRODUCTION, PAGE 41).

> *La chevelure vol d'une flamme à l'extrême*
> *Occident de désirs pour la tout éployer*
> *Se pose (je dirais mourir un diadème)*
> *Vers le front couronné son ancien foyer*, etc.

109. — MALLARMÉ (Stéphane).

Deux lettres aut. s. à *Anatole France*. S. d., ensemble 6 p. in-12 et in-16.

Il l'invite à venir « rouler quelques cigarettes avec Catulle et Dierx et rendez-vous pour aller voir au bois de Boulogne le soleil se coucher. Le ciel en veut aux jeudis. Mais qu'importe, à nous impartiaux, la première brume ou le dernier soleil, dans les feuilles, différemment belles ? »

110. — MARIE-LOUISE (Léopoldine-Françoise-Thérèse-Joséphine), archiduchesse d'Autriche, impératrice des Français, née à Vienne, 1791, † 1847.

Lettre a. s., à « ma chère Victoire » (baronne du Pontet, fille de la comtesse Collaredo, gouvernante de Marie-Louise). Erlau, 1809, 4 p. in-4, écriture très serrée ; beau filigrane.

Très longue et très importante, la plus longue qui soit passée en vente depuis un temps considérable. LETTRE ANTIFRANÇAISE écrite neuf mois avant que Marie-Louise devînt

Sonnet *

La chevelure vol d'une flamme à l'extrême
Occident de désirs pour la tout éployer
Se pose (je dirais mourir un diadème)
Vers le front couronné son ancien foyer

Mais sans or soupirer que cette vive nue
L'ignition du feu toujours intérieur
Originellement la seule continue
Dans le joyau de l'œil véridique ou rieur

Une nudité de héros tendre diffame
Celle qui ne mouvant bague ni feux au doigt
Rien qu'à simplifier avec gloire la femme
Accomplit par son chef fulgurante l'exploit

De semer de rubis le doute qu'elle écorche
Ainsi qu'une joyeuse et tutélaire torche

Stéphane Mallarmé

* Sur le système de la Renaissance anglaise

MALLARMÉ (Stéphane). — Voir n° 108 du Catalogue.

impératrice des Français : « Je vous avoue que la peur que mes lettres tombassent au pouvoir des Français m'a retenue de vous écrire, car bien que je n'écrive pas des secrets de cabinets, l'exemple des lettres de la Reine de Naples m'a frappée, car celles qu'elle a écrit à ma tante Toto ont été imprimées dans le *Moniteur*, et elles ont été sûrement bien étrangères, car elle ne contenoit que des injures contre l'Empereur Napoléon, ce que grand-maman n'a sûrement pas écrit. Le 9, il y a eu une nouvelle affaire où nous avons battus *(sic)* totalement les Français que nous les avons repoussés dans la Lobau, et ils sont enfermés dans l'île ; je trouve la chose si excellente que je n'ose le croire. On dit que des Français ont été bloqués à Hollitsch, je ne voudrois pas que ma lettre leur tombasse *(sic)* en main, c'est pourquoi je ne l'enverrais que de main. Je crois qu'ils seront punis, car ils s'attirent vraiment par leur cruauté et leurs sacrilèges la malédiction du ciel. Vous saurez qu'ils ont jeté dans le Tyrol les prêtres au feu, et qu'à St-Joan ils ont jeté les hosties afin de voler le ciboire ; et lorsque le curé vint pour les ramasser, ils commencèrent à les écraser avec les pieds. Je vous assure que c'est inouï... Il y a opéra italien à Vienne ; la Franconi chante dans la *Molinara*, et elle fait fureur ; il y a aussi des farces françaises où tout se parle, mais je ne le trouve pas agréable... J'ai copié un tableau russe qui était à Bade dans ma chambre ; les têtes sont expressives et belles et le costume m'a paru si bizarre que j'ai voulu copier. »

111. — MARIE-LOUISE.

Lettre a. s., à « ma chère Victoire ». Parme, 1831, 2 pages in-12.

Souhaits de fête. « Si Dieu les exauce vous serez bien heureuse et tranquille, ce qui est à présent un des plus grands bonheurs dans ce monde. Je joins un petit souvenir pour vous, qui me désole, car il est impossible de trouver quelque chose de mieux ici. Le même embarras fait que, pour Victi, je lui ai commandé un robe de bal à Milan ; et je désire pour elle qu'elle soye *(sic)* bientôt dans le cas d'en profiter... Il fait ici un temps épouvantable ; hier il a neigé très fortement, et aujourd'hui tout est converti en eau, ce qui rend la promenade impossible ; on est aussi sans théâtre, ce qui ennuye Messieurs de la garnison. »

112. — MÉDICIS (Cosimo Iº di), dit le Grand, né à Florence, duc de Florence, 1519, † 1574.

Lettre signée (en italien). Poggio, septembre 1560. 1 p. in-4.

Lettre énigmatique, à un gouverneur de forteresse. « Jamais de tels ordres n'ont été donnés par nous-même. Et pour nous, nous répliquons que nous aurons soin qu'il soit fait conformément à ce qui a été ordonné ; et quant à... qu'il soit fait pour lui comme on fait pour les autres... »
Les autographes de Cosme Iᵉʳ, qui fut un grand protecteur des lettres et des arts à Florence, sont EXTRÊMEMENT RARES.

113. — MÉRIMÉE (Prosper), romancier et archéologue, 1803, † 1870.

Lettre aut. s. Paris, à « mon cher maître », s. d., 4 p. petit. in-8.

Très importante lettre relative aux peintures de l'église de Saint-Savin, à celles de Notre-Dame de Poitiers ; à l'église de Sainte-Marie d'Oloron « qu'il s'agirait d'inspecter et de savoir en quel état elle se trouve, si elle mérite qu'on lui envoie un architecte autre que celui qu'elle possède, et qui propose de passer ses chapiteaux à la fine loucharde sous prétexte de les débadigeonner. » Description de Londres : « On se sent devenir socialiste à Londres à force de voir tout si bien réglé. On y est mal à son aise comme dans une maison trop bien rangée où l'on n'ose marcher de peur de salir les tapis. »

114. — METASTASIO (Pietro-Bonaventura), célèbre poète italien, auteur de tragédies remarquables, né à Rome, 1698, † 1782.

Lettre aut. s. (en italien), à Mlle Marie-Rose Coccia. Vienne, 1781, 2 p. in-4, avec suscription.

Il se plaint de son grand âge qui ne lui permet plus de quitter la maison « sinon pour satisfaire à mes devoirs religieux, et encore pas toujours. J'espère peu voir les grands-ducs de Moscovie, qui sont attendus ici, mais si, par impossible, ceci arrivait, et que j'aie la force de les informer du mérite exceptionnel de mon admirable compatriote, comment espérer que ce nom reste dans la mémoire de ces princes parmi les millions de noms qu'ils ont dans l'esprit... »

115. — MÉTÉNIER (Oscar), romancier, né à Saucoins, 1859, † 1913.

MADAME LA BOULE, roman. Paris, Charpentier, 1898, un vol. in-12, reliure pleine, maroquin olive, jans., tête dorée, dent. intérieure, couverture cons. Exemplaire sur grand papier de Hollande. (La date 1898 a été ajoutée sur le titre au composteur. La couverture porte la date 1896, et une étiquette imprimée avec les mots : *Exemplaire Hollande*, recouvre l'inscription : Huitième mille).

On y a joint : a) Trois lettres a. s. d'EDMOND DE GONCOURT à l'auteur. Paris, 1899, ens. 6 pages in-12, deux enveloppes.

Très belles lettres : « La peinture des mœurs basses n'a point le droit d'inspirer de l'horreur pudibonde à l'auteur de la *Fille Elisa...* Vous êtes poursuivi pour un livre paru en feuilleton dans l'*Echo de Paris* ; mais cette nouvelle est effrayante pour le monde des lettres... »

b) Une lettre a. s. d'EMILE ZOLA. Paris, 1892, une p. in-8, avec enveloppe.

« Je ne puis croire qu'il se trouve un tribunal pour déclarer délictueux ce qui a été jugé innocent dans le *Gil Blas.* »

c) Une lettre a. s. d'ALPHONSE DAUDET, sur carte de visite, une p. avec enveloppe.

« Je suis de ceux qui vous tiennent pour un galant homme et un écrivain de talent. »

d) Une citation à comparoir devant la Chambre des appels correctionnels pour Oscar Méténier, pour y répondre du délit d'outrages aux bonnes mœurs, 17 juin 1892.

116. — MÉTÉNIER (Oscar).

MADAME DE LA BOULE, roman. Paris, Charpentier, 1890, couverture conservée, un vol. in-12, demi-chagrin amateur avec coins, tête dorée. (*Edition originale*).

On y a joint : a) Une lettre aut. s. d'EDMOND DE GONCOURT à l'auteur. S. l., 1889, 3 p. in-12 avec enveloppe.

Très belle lettre critique : « Il y a une scène que je trouve superbe, mais, nom de Dieu, vous avez tué l'originalité de votre roman en faisant de votre putain une actrice à talent... »

b) Une lettre a. s. d'ÉMILE ZOLA. Médan, 1890, 2 p. in-8, avec enveloppe. (Les deux lettres précédentes, probablement déchirées par erreur, ont été raccommodées).

c) Une carte de visite d'ÉMILE ZOLA, avec 4 lignes aut. s.

« Il ne vous manque plus, dans vos œuvres qui viendront, que le cri humain qui doit être le vôtre... »

d). Une carte de visite d'ALPHONSE DAUDET, avec 6 lignes a. s. et l'enveloppe.

« Je retrouve toutes vos belles qualités de composition, etc. ».

e) Une lettre a. s. de *J.-K.* HUYSMANS, 1890, 2 p. in-12, sur carte.

« C'est, je crois, une âpre monographie de la putain et surtout des maquereaux. »

117. — **MIRBEAU** (Octave), célèbre romancier, né à Trevières (Calvados), (1848, † 1917).

L. a. s. à un confrère (L. M.). 1 p. 1/2 in-12 oblong.

Intéressante petite lettre où l'auteur parle d'une de ses meilleurs œuvres : « Que je vous sais gré de l'article si compréhensif que vous avez consacré au JARDIN DES SUPPLICES. Vous avez senti — et ce m'est une vraie joie — que c'est un chant, un hymne en l'honneur de la vie et de la beauté. De gros critiques, et non des moindres, n'ont vu dans ce livre qu'un paradoxe de l'horreur. »

118. — **MISTRAL** (Frédéric), célèbre poète provençal, né à Maillane, 1830.

DISCOURS DE SANTO ESTELLO, *prounouncia pèr Frederi Mistral* lou 13 d'avoust 1888 en Bartalasso. *Manuscrit aut. signé*, 19 pages in-8.

On y a joint : *a)* Un exemplaire imprimé de ce discours. Avignon, Roumanille, 1888.

b) Menu (imprimé) en provençal, du banquet donné le même jour, au restaurant de Bagatelle.

c) Une lettre aut. s. de *Mistral* à S. Schenut. Maillane, 1906, 2 p. in-12.

d) Une carte postale illustrée représentant *Mistral* et son chien, avec dix lignes aut. s., 1908.

Le tout relié en un vol. in-8, demi-bradel percal., avec coins.

Ce discours, prononcé à la grande réunion des Félibres qui se tint en 1888 à Avignon, dans l'île de la Barthalasse, est considéré comme un des chefs-d'œuvre de Mistral ; le poète y a défendu la langue provençale, dont les pouvoirs publics cherchaient alors à interdire l'usage. Le texte imprimé donne le discours en provençal avec la traduction française en regard.

119. — **MONNIER** (Henri-Bonaventure), littérateur, comédien et peintre, né à Paris, (1799, † 1877).

Lettre aut. s. (Henry Monnier esq^r !) à Giraldon-Bovinet. Londres, s. d., 3 p. in-4, avec suscription.

Lettre des plus curieuses, autant pour la biographie de Henry Monnier que pour l'étude de sa méthode de travail. « Je serai demain à mon logement du Strand ; envoyez-moi néanmoins tout dans Warren Street, 72. Je saisis cette occasion pour vous prier de croire qu'ayant à faire ma réputation ici comme en France, je suis intéressé à tout faire de mon mieux. Voici donc mon plan, jetté au hazard, sauf à le revoir. » Suit le plan très détaillé, en 24 points, d'un ouvrage projeté : *La Vie d'un jeune homme à Paris*. « 1° Entrée dans le monde. Une dame déjà faite, dans un appartement élégant, s'occupe de l'éducation du héros ; seize ans, une jolie figure, une grande timidité ; chérubin devant la comtesse Almaviva. 2° Sortie avec la dame. Le petit amour-propre est flatté ; plus d'aplomb. 3° Il fait la cour à la femme de chambre. La maison est devenue la sienne ; il n'a pas encore acquis une grande habitude des femmes ; il a affaire à une rusée, etc., etc. ».

120. — MONTAGNE (J.-F.-Camille), célèbre botaniste, né à Vaudoy (Seine-et-Marne), 1784, † 1866.

a) L. a. s. à Boilly, 1859, 2 p. in-8.

b) PORTRAIT ORIGINAL au crayon (fixé), n. s. par Julien BOILLY, 16 cm. × 20 cm. sur papier pelure. (VOIR REPRODUCTION, planche hors texte).

Félicitations à l'artiste : « Le portrait que vous avez bien voulu faire d'abord sur l'original a été trouvé si ressemblant par tous ceux qui ont pu le voir, je me suis enhardi à vous en demander une copie. »

121. — MONTFAUCON (Bernard de), bénédictin, célèbre érudit, né en 1655, † 1741.

Lettre aut. s. à Grosley. Paris, 1740, 2 p. in-8, avec suscription.

Belle lettre, écrite à 86 ans, un an avant sa mort. « Vous me marquez que vous avez acquis un ancien manuscrit qui, contient la vie de saint Remi écrite par Hincmar ; il paroît par tout ce que vous marquez, que ce manuscrit est considérable ; mais il seroit bien plus précieux s'il contenoit quelque pièce historique qui n'eut pas encore été imprimée. C'est ce que vous pourrez examiner en le conférant avec les ouvrages d'Hincmar, que nous avons en in-folio. Si je voiois ce manuscrit, je pourrois vous dire à coup sûr en quel siècle il a été écrit. Car il y a longtems que je me suis exercé en ces écritures de tous les siècles. »

122. — MONTLOSIER (Comte de), publiciste et député, né à Clermont-Ferrand, 1755, † 1838.

a) Lettre a. s. à un ami. 1/2 p. in-8 et une note autographe donnant la nomenclature de tous les ouvrages publiés par lui-même.

b) PORTRAIT ORIGINAL au crayon (fixé), n. s., dessiné par Julien BOILLY avec la signature du comte. 19 cm. × 25 cm.

Très beau portrait où se retrouvent toutes les qualités de finesse et d'exactitude spéciales à Boilly. (VOIR REPRODUCTION, planche hors texte).

4

123. — MORÉAS (Jean), poète français, né à Athènes, 1856, † 1910.

L. a. s. à *Du Plessys*, 1895, 3 p. in-12.

Il parle des différentes démarches qu'il a entreprises pour obtenir l'autorisation d'aller le voir à Mazas. « Vous avez eu tort de me cacher, par fausse honte, une partie de la vérité : c'est-à-dire que c'était à cause, *à cause d'une femme*. Vous m'avez ainsi donné plus d'inquiétude que votre absurde histoire ne mérite... Je suis certain que vos juges se montreront indulgents, etc. »

124. — MUSSET (Alfred de), poète, né en 1810, † 1857.

Lettre a. s. à *Buloz*. (Paris), n. d., une p. in-4, signée, avec suscription.

On y a joint un beau portrait gravé.

« Vous m'obligeriez beaucoup de vouloir bien m'envoyer encore cent francs, si cela ne vous gêne pas. Je suis fâché de vous tourmenter ainsi, et vous promet *(sic)* de vous laisser tranquille jusqu'à la remise de mon dernier manuscrit. Je n'ai pas pu vous rejoindre hier soir parce que j'avais promis à la Muse de la patrie d'aller prendre le thé chez elle. N'oubliez pas de m'excuser auprès de Mme Sand. »

125. — MUSSET (Alfred de).

Extrait de compte des mois de décembre 1848, janvier et février 1849, établi par l'éditeur *Charpentier* et se soldant par la somme de 1.415 fr. 95 en faveur du poète. 1 page in-4 oblong. Signature autogr. d'*Alfred de Musset*.

Cette curieuse feuille nous apprend que Musset a été crédité de 75 francs « pour droit sur réimpression à 500 ex. *Caprice* » et de 150 francs « droit pour l'impression à 1.000 ex. de *Louison*. »

126. — NAPOLÉON Ier, empereur des Français, né à Ajaccio, 1769, † 1821.

Pièce signée (**N.**), Porto-Ferrajo (île d'Elbe), 1814. une page in-8, de la main du général Drouot, avec sa signature.

*Les pièces signées par Napoléon à l'*ILE D'ELBE *sont extrêmement rares.* Demande de congé pour un sergent de l'artillerie de la Garde. En marge les mots : « Écrire à M. Cornual ; le prévenir de retirer tous les effets d'armement et d'équipement et le bonnet à poil. »

127. — NAPOLÉON Ier.

Lettre s. (**NP**), au duc de Dantzig. WILNA, 1812, une p. in-4.

Les pièces datées de la campagne de Russie sont très rares. — Très belle lettre militaire. « Mon cousin, Je reçois votre lettre, vous avez 6.000 hommes, vous avez reçu 15.000 livres de biscuit ; à raison de 9 onces de biscuit par jour, cela fait pour 4 jours, mais cela n'est pas suffisant ; il faut que l'on vous donne 6.000 rations de pain, de sorte que les vivres à raison de 1/2 ration de pain et de 2 onces de riz ou de 9 onces de biscuit, soient assurés pour 6 jours indépendamment du jour de départ ; sur ce, je prie Dieu qu'il vous ait en sa sainte et digne garde. »

128. — NAPOLÉON Ier.

LETTRE DE GRACE. Pièce signée (**NAPOL.**), avec contre-signatures de

Cambacérès, du *duc de Massa*, ministre de la Justice, et du *comte Daru*, secrétaire d'Etat. Palais de Trianon, 1813, une feuille in-plano, parchemin, formule imprimée.

Superbe pièce adressée à la Cour de impériale Colmar. « Nous avons reçu la supplication de Jean Lassagne, chasseur au 10° d'infanterie légère, condamné par conseil de guerre séant à Schelestadt à la peine de mort et à 1.500 fr. d'amende pour crime de désertion, et ayant reconnu que diverses circonstances pouvaient nous porter à lui faire ressentir les effets de notre clémence, nous déclarons commuer en *dix ans de boulet* la peine encourue par ledit Lassagne. »

129. — NAPOLÉON Ier.

BREVET DE NOBLESSE. Pièce signée avec contresignature de Cambacérès. Fontainebleau, 1810, une page in-f°, parchemin, sur formule gravée, belles armoiries enluminées en plusieurs couleurs, GRAND SCEAU DE CIRE de forme circulaire, mesurant 12 cm. de diamètre et 1 cm. d'épaisseur, en plein relief, représentant Napoléon Ier sur son trône.

Superbe pièce. LE SCEAU DE CIRE EST ABSOLUMENT INTACT, et il est extrêmement rare de le trouver réuni à la signature de Napoléon. Titre de noblesse et chevalier accordé au sieur Paul Rouvier, l'autorisant « lui et ceux de ses descendants qui recueilleront le titre de chevalier, de porter en tous lieux les armoiries telles qu'elles sont figurées aux présentes, et qui sont : *parti au premier d'or, à douze étoiles*, etc. ».

130. — NAPOLÉON Ier.

Deux pièces officielles relatives au COURONNEMENT ET SACRE DE L'EMPEREUR NAPOLÉON. (*Très rare*).

a) Copie manuscrite de L'INVITATION AU COURONNEMENT, rédigée par l'empereur lui-même, avec signature aut. de Hugues Maret (duc de Bassano), secrétaire d'Etat, pour M. Maron, président du Consistoire à Paris. Saint-Cloud, 4 brumaire, an XIII, une page in-f°.

« La divine Providence et les constitutions de l'Empire ayant placé la dignité impériale héréditaire dans notre famille, nous avons désigné le 11 frimaire pour la cérémonie de notre sacre et couronnement. Nous vous faisons cette lettre pour que vous ayez à vous trouver à Paris le 3 frimaire et y faire connaître votre arrivée à notre grand-maître des cérémonies. »

b) Avis (imprimé) à Messieurs les Fonctionnaires civils appelés aux SACRE ET COURONNEMENT, rédigé par le ministre de l'Intérieur Champagny, une page in-4.

« Messieurs les sous-préfets, maires, etc., appelés au Sacre, qui n'ont point eu l'honneur d'être présentés aujourd'hui à Sa Majesté, sont invités à se rendre demain dans la galerie du musée au Louvre. »

131. — NAPOLÉON III, empereur des Français.

Lettre aut. s. « à mon cher cousin ». Palais des Tuileries, 1860, 2 p. in-8, papier à son chiffre.

« Je ne dois pas vous dissimuler l'étonnement que j'ai éprouvé en lisant dans les journaux la lettre que vous y avez fait insérer. Dans votre position, tout ce que vous faites semble avoir eu mon consentement ; et cependant, ayant déclaré maintes fois que je ne compromettrais jamais les intérêts de la France pour remettre mes parents sur des trônes étrangers, vos prétentions ouvertement proclamées me mettent dans une situation difficile. Il faut donc que vous choisissiez franchement le rôle que vous voulez prendre; si vous voulez être un prétendant déclaré à la couronne de Naples, il faut que vous cessiez tout rapport avec moi. »

132. — **NAPOLÉON IV** (Eugène-Louis-Jean-Joseph), prince impérial, (1856, † 1879).

DESSIN ORIGINAL, à la plume, signé, représentant une scène de chasse à courre. 33 cm. × 22 cm.

On y a joint deux photographies du prince, de 1873 et de 1880.

Très curieux dessin, rapidement esquissé. Une inscription en allemand (au crayon) atteste que ce dessin a été exécuté par le prince Louis-Napoléon en 1867, sous la surveillance de son précepteur, le Dr Conneau.

133. — **NERVAL** (Gérard Labrunie, dit de), littérateur, né en 1808, † 1855.

Lettre a. s. à *Limayrac*. S. d., une p. in-8. (*Très rare*).

On y a joint un portrait et quelques coupures de journaux.

Belle lettre. « Je me jette à vos genoux de critique, sauvez-moi de l'envie, vous qui répandez la lumière et qui lancez la foudre. Comment vous remercier ? En regrettant d'abord de m'être exposé à votre seule critique. Le titre : *Précurseurs du Socialisme* est un faux-titre, très réel. Je l'avais destiné à l'éditeur dans la pensée d'un ouvrage plus considérable avec d'autres biographies qui ôtaient au livre le caractère que vous supposez... » — Les coupures du journal l'*Indépendance Belge*, jointes à cet autographe, donnent des détails relatifs à la mort de Gérard de Nerval.

134. — **NEY** (Michel), duc d'Elchingen, prince de la Moskowa, maréchal d'Empire, (1769, † 1815).

L. a. s. au général Kléber, an II, in-f°.

Très intéressante lettre au sujet de mouvements militaires. « Je vous envoye un certificat des magistrats de Diest qui dément la fausseté du rapport que l'on vous a fait sur le mouvement des ennemis. D'après les renseignements que j'ai pu prendre de la position occupée par l'aile droite de l'armée du Nord, il en résulte qu'il s'étend en arrière de la rivière. »

135. — **NOAILLES** (Anne de Brancoan, comtesse Mathieu de), romancière et poétesse.

Manuscrit a. s. Juin 1925, 4 p. in-8.

Bel article sur PIERRE LOUYS dont elle avait fait la connaissance il y a 25 ans. « C'était un jeune homme silencieux, qui ne riait pas. J'observai avec crainte et curiosité ce visage qu'une gloire dangereuse éclairait à travers la tristesse. Jeune fille, je n'avais pu lire APHRODITE et LES CHANSONS DE BILITIS qu'en dérobant et en remplaçant les livres dans la bibliothèque de mon frère... Peu de temps après, LA FEMME ET LE PANTIN m'enivra. Cet excès de passion, de jalousie, de taquinerie voluptueuse n'a pas cessé de m'éblouir », etc.

136. — ORLÉANS (Princes et princesses de la famille d'). — Dossier comprenant :

a) *Marie-Christine-Caroline-Adélaïde-Françoise-Léopoldine d'Orléans*, duchesse de Wurttemberg, 1ʳᵉ fille de Louis-Philippe, née en 1813, morte en 1839 ; sculpteur distinguée. — Note a. n. s. 1832, une p. in-4, et dessin original n. s. au crayon (recto) et à la plume (verso), 2 p. in-8 ; cachets de cire ; raccommodage.

« M. Valenciennes, naturaliste, a remarqué dans les poissons rouges du bassin des Tuileries une espèce qu'il ne croit pas connaître ; lui accorder la permission d'en prendre. » Le dessin représente le prince Philippe de Wurtemberg, son fils, et des têtes d'étude.

b) *Louis-Charles-Philippe-Raphaël d'Orléans*, duc de Nemours, 2ᵉ fils de L.-P., né en 1814, mort en 1896. — Lettre a. s. Orléans-House, 1864, 2 p. in-8.

« Ici nous menons une vie agréable, dînant constamment les uns chez les autres, chassant une ou deux fois par semaine et nous promenant en bateau le reste du temps. »

c) *Marie-Clémentine-Caroline-Léopoldine-Clotilde d'Orléans*, 2ᵉ fille de L.-P., princesse de Saxe-Cobourg-Gotha, née en 1817, morte en 1900. — Lettre a. s. Laken, 1847, 2 p. 1/2 in-8.

Superbe lettre. « Mes enfants sont ici comblés de bonté. Clotilde a bien de la peine à s'accoutumer à sa nouvelle bonne allemande et elle a été tous ces jours d'une idéale méchanceté. Philippe va beaucoup mieux ; il n'a plus de fièvre, etc. ».

d) *François-Ferdinand-Philippe-Louis-Marie d'Orléans, prince* de Joinville, 3ᵉ fils de L.-P., marin français (1818-1900). — ONZE LETTRES a. s. (d'initiales et de paraphes). Paris, s. d., ens. 17 p. in-8 et in-12.

Belles lettres d'intimité.

e) *Henri-Eugène-Philippe-Louis d'Orléans*, duc d'Aumale, 4ᵉ fils de L.-P. (1822-1898). — DIX LETTRES a. s. ; deux notices a. n. s. et une « Lettre sur l'histoire de France adressée au prince Napoléon », ms. n. a., 1861-1871, ens. 36 p. in-12 et in-4.

Documents historiques importants.

f) *Antoine-Marie-Philippe-Louis d'Orléans*, duc de Montpensier, 5ᵉ fils de Louis-Philippe (1824-1898). — SEPT LETTRES a. s. dont une à sa mère. Vincennes et Randan, 1842-1873, ens. 4 p. in-12 et deux devoirs d'écolier, analyse grecque et version latine, ens. 3 p. in-4.

Très jolies lettres.

g) *Victoire-Auguste-Antoinette de Saxe-Cobourg-Gotha*, duchesse de Nemours (1820-1857). — Note a. s. au crayon. S. l. n. d., une p. in-4.

« Je vous prie, M. Rigault, de m'envoyer chez le Roi les deux lettres que Gaston a écrites pour son grand-père et la Reine. »

h) *Françoise de Bragance, princesse de Joinville*. — Lettre a. s. Saint-Cloud, 1847, 2 p. in-8.

Lettre intime et familière.

i) Pierre d'Orléans, duc de Penthièvre, fils du prince de Joinville (1843-1910). — DEUX LETTRES a. s. Ajaccio, 1872 et s. d., ens. 5 p. in-12.

Jolie lettre intime et confidentielle.

j) Louis-Philippe-Albert d'Orléans, comte de Paris (1838-1894). — CINQ LETTRES a. s. 1865-1871, ens. 4 p. in-12.

Lettres intimes et humoristiques.

k) Oraison funèbre de Son Altesse Sérénissime Madame la Duchesse douairière d'Orléans, prononcée dans l'église Notre-Dame de Paris, le 7 août 1821, par M. l'abbé Feutrier. Pièce imprimée, 28 pages in-4.

137. — PAPIERS DE COMMERCE. — CURIOSITÉS.

a) LAMARTINE. Traite de 20 fr. à son ordre, pour un abonnement au *Cours familier de Littérature*. 1863.

b) CHARLES NODIER. Reçu de *M. Renduel* 200 fr. « à valoir sur nos affaires ». 1832.

c) ROPS (Félicien). Engagement de livrer fin mars 1887 un album « Œuvres calmes » ; sur papier timbré, entièrement autographe ; jolie eau-forte.

d) VOLTAIRE. Traite de *M. Perrachon* de 1.200 livres à l'ordre de *M. de Voltaire*. 1777 ; — au dos UNE LIGNE AUTOGRAPHE : « paiez à l'ordre de M. Bourne, ce 2 mars 1777. Voltaire ».

138. — PÉGUY (Charles), poète.

L. a. s. à l'avocat Raisin, à Genève. 1912, 2 p. in-8, à en-tête des *Cahiers de la Quinzaine*, avec enveloppe.

« Depuis dix ans je garde les bons à tirer des cahiers, c'est-à-dire, pour chaque cahier, le dernier jeu d'épreuves revêtu de mon bon à tirer et portant conjointement les corrections manuscrites de l'auteur et les miennes, ainsi de Rolland et de moi, de Tharaud et de moi, de Suarès et de moi... »

139. — POMPADOUR (Jeanne-Antoinette Poisson, marquise de), favorite de Louis XV, née en 1721, † 1764.

L. aut. à son frère M. de Vandierre (de Marigny), 26 juillet, 1 p. in-12 avec suscription (de la collection Morrison).

LETTRE INÉDITE. Ne figure pas dans la *Correspondance de M*me *de Pompadour* publiée en 1878 par Malassis, Baur, éditeur. En haut de la page, se trouve une mention manuscrite de la main de Poisson : *Reçu le 22 août, Toulon*, ainsi qu'il avait l'habitude de le faire sur toutes les lettres qui lui étaient adressées. Ceci permet de fixer approximativement la date de la lettre. M. de Vaudierre était à Toulon, de retour de Rome, en août 1751, d'autre part il y est question d'Alexandrine, fille de Mme de Pompadour, morte en 1754 ; la lettre ne peut donc être postérieure à cette date. Dans les conseils que Mme de Pompadour donne à son frère, on y retrouve toute la philosophie « arriviste » qui lui permit de s'élever à la plus haute situation de la cour,

« J'espere que je n'auray plus tant avous prescher sur votre misantropie, je le suis dans le fond de l'âme plus que vous mais après avoir bien fait réflexion quil falloit aller ce confiner dans les déserts de la Thébaïde ou vivre avec des gens que lon nestime pas, jay pris mon party ; j'espère que vous en avés fait autant. »

140. — PROUDHON (Pierre-Joseph), publiciste et homme politique, né à Besançon, 1809, † 1865.

QUARANTE-TROIS LETTRES a. s. adressées à l'avocat G. Chaudey. Paris et Bruxelles, 1856-1864, ens. 120 pages environ, avec quelques enveloppes.

Précieuse correspondance dans laquelle Proudhon traite, avec beaucoup de détails, de tous les sujets politiques, philosophiques et littéraires d'actualité pendant les dix premières années du Second Empire. Très jolie lettre du 23 mai 1856 : « Ma femme est accouchée hier soir d'une petite fille, ce qui me fait trois et me promet pour l'avenir un joli atelier de modistes dont je serai le teneur de livres. » « Je comparais, le 2 juin (1858) devant le tribunal correctionnel sous la prévention d'outrages à la morale publique et religieuse. Or, voilà contre quoi je proteste de toute l'énergie de ma raison ; j'ai dit au Sénat : révisez la Loi. Le Sénat n'a pas compris la gravité de la question ; j'appellerai du Sénat fatigué au Sénat à jeun ; j'appellerai à l'Empereur... Il faut attaquer l'*Infâme* par la morale, vous dis-je ; faire de la vertu une machine de guerre et le mot de guet de la Révolution. C'est par là que nous ferons crouler cette hideuse boutique... » Chute de la plupart des journaux fondés par lui : le *Représentant du Peuple*, le *Peuple*, la *Voix du Peuple*, le *Peuple de* 1850. Démêlés avec l'éditeur Boussard. Projet d'écrire un ouvrage : « Sous le titre de *Chronos, le Temps*, je rêvais un pendant au *Cosmos* de M. de Humboldt. Ce travail, d'après mes prévisions, devait avoir au moins huit gros vol. in-8'. Pour ce nouvel ouvrage, le prix devait être porté à quelque chose comme 6 ou 8.000 fr. par volume... Voyez-vous d'ici Thiers réveillant la vanité nationale, et élevant au-dessus du gâchis napoléonien l'astre nouveau de la dynastie bourgeoise ? Pour moi j'avoue que je ne puis me réjouir de ce gâchis d'ivrogne. Napoléon III a trahi tout le monde, il a tout souillé, tout compissé... Ma brochure est comme une mise en train de l'histoire de la propriété, théorie dans laquelle il faut distinguer le produit du *fonds*, puis le domaine de l'*esprit* de celui de la *matière*, etc. ».

141. — PROUST (Marcel), littérateur, né à Paris, 1871, † 1922.

Lettre a. s. à un ami, s. d., 11 pages in-12, papier de deuil.

De longues lamentations sur l'état précaire de sa santé et des paroles de tendresse pour sa mère : « Ce ne sont pas les conventions mais les modalités particulières de la sensibilité de maman que je consulte, me faisant un devoir de ne pas ajouter encore à son immense douleur ; si j'étais moins souffrant, je vous demanderais s'il ne serait pas possible d'assister à une répétition où il n'y eût personne. Mais je suis vraiment trop mal, trop incertain du lendemain, ou plutôt trop sûr du lendemain, quand ce lendemain est le jour pour demander une chose dont je ne pourrais probablement pas profiter... Cela me réjouit de savoir que vous avez un grand talent, cela me réjouit de savoir que vous avez un grand succès, car je tiens aussi au succès, je suis extrêmement matériel dans mes vœux pour ceux que j'aime, « je leur souhaite toutes les voluptés, depuis les plus hautes, jusqu'aux plus grossières. Et je ne dis pas cela pour le succès que je ne considère pas comme une volupté grossière, mais comme au contraire le facteur indispensable d'optimisme sans lequel les plus grands génies sont condamnés à l'impuissance ou au moins au désespoir. »

142. — PROUST (Marcel).

L. a. s. au Secrétaire du *Mercure de France* (1904), 4 p. in-12, enveloppe, papier de deuil.

Il est contrarié de la façon dont son livre a été distribué : « Des amis à moi, ou plutôt des simples relations n'ayant pas le moindre rapport avec la Presse, ont reçu le *Prière d'insérer*, ce qui me rend fort ridicule... Il me faut encore une dizaine de volumes. Je fais la distribution moi-même pour vous éviter de nouveaux dérangements... J'avais un livre tout prêt et dédicacé pour M. Monroy. »

143. — RACHEL (Elisabeth-Rachel-Félix, dite), célèbre tragédienne, née à Munf (Suisse), (1821, † 1858).

Lettre aut. s. à *Mme Samson*. Londres, 1851, 4 p. in-4.

Très belle lettre. — On lui a demandé de prolonger son séjour à **Londres** ; « les chaleurs du Midi étant tout à fait contraires au rétablissement de ma santé, je me suis désidée *(sic)* ; le directeur Monsieur Laporte s'est engagé par l'ordre de S. M. la reine Victoria, à payer au directeur de Marseille un dédi *(sir)* de 15.000 fr. J'ai été reçu chez la Reine douairière ; la reine Victoria m'a parlé et m'a dit les plus aimables choses ; la reine douairière m'a fait présent d'un cachemire des Indes des plus magnifiques le lendemain j'ai reçu l'ordre de me rendre à Windsor le jeudi 10 juin chez Sa Majesté la reine Victoria où j'ai répété encore quelques scènes, elle m'a mis au bras un fort joli bracelet en me disant : C'est un souvenir, Mlle Rachel. »

144. — RANCÉ (Armand-Jean Le Bouthillier de), célèbre réformateur de la Trappe, né à Paris, (1626, † 1700).

Lettre s. à la marquise d'Huxelles. S. l. (La Trappe), 29 nov. 1691, 1 p. 1/2 in-4, avec suscription.

Très belle lettre au sujet d'une Madame de B. dont la situation est difficile. « Il faut que vous luy disiez que si elle ne se réduit à avoir moins d'équipage et de monde qu'elle n'en a, elle ne se peut tirer de l'extrémité où elle est. Il est certain que la confusion où elle se voit, est un effet du peu d'ordre qu'elle a mis dans ses affaires ; il faut faire moins qu'on ne peut, si on veut avoir quelque repos. Car depuis qu'on va au delà, on vit dans le désordre et on est par conséquent la proie de son chagrin et de son inquiétude. »

145. — RÉGNIER (Henri de), célèbre poète, de l'Académie française ; né à Honfleur, 1864.

LE VASE, poème. Manuscrit aut. signé, 1895, 7 p. petit in-4, en un vol. demi-bradel chagrin, avec coins.

Beau manuscrit.

Mon marteau lourd sonnail dans l'air léger
Je voyais la rivière et le verger
La prairie et jusques au bois, etc.

146. — RÉGNIER (Henri de).

POÈMES ANCIENS ET ROMANESQUES. Paris, *Art Indépendant*, 1890, in-12, br., couv. or. *Dédicace aut. signée à* PAUL VERLAINE.

Édition originale rare et tirée à très petit nombre. — ON Y A JOINT une l. a. s. de l'auteur à un ami, 1 p. 1/2 in-4°.

« Si j'avais des vers je vous les enverrais bien volontiers, mais il faudrait les faire et je suis bien peu en train de travailler en ce moment. »

147. — RENARD (Jules), romancier et auteur dramatique, né en 1864.

L. a. s. à *M. Labitte*, 1884, 4 pages in-12.

Belle lettre. « Pauvre Paris — plus rien ; les bons amis ferment leurs portes, se sont emmitouflés d'ombres, comme pour une sieste... c'est si bon les amis. Cela se voit surtout quand ils sont loin : j'ai des tentations d'aller forcer doucement leurs portes... Je commence un roman qui ne finit pas et j'en fais un qui n'a pas de commencement. Quant aux vers je n'y pense pas. J'en fais tout de même sans y penser : ils meurent à l'instant, comme de petites bulles, avec un frisson... »

148. — RÉVOLUTION (Armées de la).

COLLECTION DE 18 LETTRES aut. s. adressées par *Barbier*, sous-lieutenant aux armées de la République, aux citoyens Millard et Lefebvre d'Alichamp, à Troyes, de septembre 1792 à janvier 1794 ; ens. 56 pages in-4.

Précieuse collection contenant la relation de ce qui s'est passé aux armées de la République pendant plus d'un an au moment le plus aigu de la période révolutionnaire. Le sous-lieutenant Barbier, devenu rapidement capitaine, a résidé tour à tour à Lunéville, Strasbourg, Saverne, et au camp de l'Isle du Rhin. Critique du commissaire des guerres de Troyes qui est « un franc aristocrate ; il est cause que nous avons manqué d'avoir du travail avec notre bataillon. » Annonce de succès en style emphatique : « Les desires de la Republique s'acroit de jour en jour ; nos succès se renouvelles à tous les instants et à force de succès les traittres et les puissances coalisés disparaîtront de la terre libre de la République. Je jugerois d'avance du succès entier de notre Révolution. Ici les habitans se lève en masse et marche d'un courage intrepide hommes, femmes et enfants. Les personnes qui ont des chevaux ont formé des corps de cavallerie. Les soulliers valent ici 20 à 30 livres (environ 250 fr. aujourd'hui), jugez du reste. » Attaque de Kehl, « leur citadelle est reduitte en sendre ». Détails de la vie de caserne et des camps, etc., etc.

149. — RIMBAUD (Arthur), poète, né à Charleville, 1854, † 1891.

FRAGMENT D'UN MEMENTO DE LA LANGUE ANGLAISE. Ms. aut. n. s. 2 pages in-8 oblong.

Très curieux fragment d'un carnet de poche du poète, sur lequel il avait noté des expressions proverbiales de la langue anglaise commençant par les lettres H, A et B : « To play at hide and seek, To fly off the hinges, the mind cannot advert to tw - things at once, etc., etc.

150. — ROUSSEAU (Jean-Jacques), écrivain et philosophe, né à Genève, 1712, † à Ermenonville, 1778.

Lettre autographe signée à Duchesne, libraire. Mottins, 18 novembre 1764, 2 p. in-4, avec suscription.

Belle LETTRE INÉDITE. Ne figure pas dans l'édition Furne, 1852. Elle doit prendre place entre celle au prince de Wurttemberg, 25 novembre, 1764, et celle à M. d'Yvernois, 29 novembre. Elle est relative à la page d'errata d'un ouvrage que J.-J. ne nomme pas, mais au sujet duquel il donne de minutieuses instructions : « J'aimerois beaucoup mieux que l'ouvrage ne parût point du tout que de paroître sans cet errata ; ainsi je vous le recommande avec chaleur. Je n'ai reçeu ni l'envoi que vous me disiez avoir fait ni le mémoire que je vous ai demandé. J'ai donné votre adresse à un officier italien qui a des papiers de conséquence à m'envoyer ; s'ils vous sont remis je vous prie d'en avoir grand soin. Je n'ai point encore de nouvelles de nos fromages : les roulliers vont lentement par le temps affreux qu'il fait. Je suis depuis huit jours dans le plus cruel état où m'ait jamais réduit ma maladie. Ce qui me console de cet état c'est qu'il est trop violent pour pouvoir durer. Mon *Dictionnaire de Musique* est fini et sera dans deux mois en état de vous être envoyé. »

151. — ROYÈRE (Jean), poète symboliste, chef de l'école mallarméenne, né à Paris, 1880.

EURYTHMIES. — LESBOS ET CYTHÈRE. Poèmes. Manuscrit aut. plusieurs fois signé, 1902, 100 p. in-4, in-8 et in-12.

Très précieux manuscrit, contenant environ 40 poésies, quatrains, sonnets, etc., la plupart en triple et quadruple état, avec remaniements, retouches, ratures ; très nombreuses signatures. *Chaque poésie présentant plusieurs versions différentes, permet de suivre avec intérêt l'évolution de la pensée du poète avant la forme définitive de celle-ci.*

152. — SADE (Donatien-Alphonse-François, comte, dit marquis de), écrivain, né à Paris, mort à Charenton (1740-1814).

LA NOUVELLE JUSTINE OU LES MALHEURS DE LA VERTU. — 111 (cent onze) *notes autographes* pour la composition de ce roman. 111 feuillets in-32 de diverses grandeurs, écrits au recto seul, tous montés sur onglet de papier ancien, de manière à constituer les feuilles d'un volume petit in-18, prêt pour la reliure, et précédés d'un titre habilement calligraphié sur papier ancien, à l'imitation de ceux de l'édition originale qui parurent dans le même format en 1797.

Précieux manuscrit composé de notes plus ou moins courtes, donnant le plan des principales scènes, soit ajoutées par l'auteur à la première version de *Justine ou les Malheurs de la Vertu* (1791, 2 vol.), soit considérablement développées par lui quand il décida de refondre son roman pour en tirer les quatre volumes de la *Nouvelle Justine*. — Les présentes notes, avec une liberté d'expression que pouvait seul se permettre le XVIIIᵉ siècle, se réfèrent à des épisodes répartis dans la totalité du nouveau roman : JUSTINE CHEZ DUBOURG, A L'ABBAYE DE SAINTE-MARIE-DES-BOIS (messes noires) ; AVENTURES DE P. JÉROME (ses passions et ses crimes), JUSTINE A L'AUBERGE DE D'ESTERVAL, AU CHATEAU DE GERNANDE, HISTOIRE DE SÉRAPHINE ; JUSTINE CHEZ ROLAND, chef des faux-monnayeurs, etc., etc.

Chaque note porte un double foliotage de deux mains étrangères ; le plus ancien paraît se rapporter aux pages correspondantes d'une des nombreuses réimpressions du roman ; l'autre, moderne, classe les feuillets du manuscrit dans un ordre arbitraire de I à III.

DOCUMENT NON SIGNALÉ par les bibliographes et d'un puissant intérêt littéraire et psychologique. Il rétablit une fois de plus au nom du *marquis de Sade*, sur un témoignage irrécusable de sa main, la paternité si souvent reniée par lui de la *Nouvelle Justine* ; il révèle avec évidence ses méthodes personnelles d'invention et de composition ; enfin il expose en un raccourci saisissant les idées maîtresses de son système philosophique.

153. — SAINT-SAENS (Camille), compositeur de musique.

Deux lettres a. s., Marseille et Alger, 1920, ens. 4 pages in-4.

« Coucou ! me voilà, retour d'Athènes, où j'ai vu la Parthénon et M. Venizelos ! J'ai commencé là-bas par être fort souffrant d'une broncho-pneumonie ; il m'a fallu faire mon métier, pour l'exercice duquel j'étais convoqué par le directeur du Conservatoire ; j'ai fait le pianiste et le chef d'orchestre. La visite à l'Acropole m'a donné dans les jambes une rechute dont je me remets tout doucement ; je suis on ne peut plus satisfait d'avoir osé cette folie, car c'en était une... Après-demain je ferai une folie, je donnerai un concert dont toutes les places sont retenues d'avance. En manière d'intermède, je ferai une petite conférence sur les Fables de La Fontaine. »

154. — SAINT-SAENS (Camille).

ECOLE BUISSONNIÈRE, notes et souvenirs. Paris, Lafitte, br. in-8. *Edition originale* avec quelques corrections autographes de l'auteur, au crayon fixé. *Deux belles dédicaces* aut. s. (1919) sur le titre et sur le faux-titre.

On y a joint une lettre a. s., à « mon cher poète et ami » (Pierre A.), 19 octobre 1918, 2 p. in-4°• « Il y a dans l'*Ecole buissonnière* une foule de petites erreurs dont j'ai la note et que je corrigerai. Vous aurez alors un exemplaire unique et où tout sera authentique. La fin de la guerre s'approche. Ce que je crains maintenant, c'est la noblesse d'après la guerre, la tendance des Français à tout oublier facilement. Il y aura des gens malheureusement qui pousseront dans cette voie, j'en connais. »

155. — SAINT-SAENS (Camille).

OU NOUS AVONS AIMÉ. Mélodie pour chant et piano. Ms. *autographe* signé• 1918, 4 pages de musique, et une page de titre, in-4, à l'italienne.

Très belle pièce. Mélodie sur une poésie de Pierre Aguétant, extraite de *Poëmes du Bugey*. — Sur le titre, *le poème a été transcrit en entier de la main de Pierre Aguétant, avec signature.*

156. — SALVANDY (Narcisse-Achille de), homme politique et littérateur, né à Condom, 1795, † 1856.

MÉMOIRES ; manuscrit aut. n. s. 141 p. petit in-4, en un vol. demi-parchemin vert.

Très intéressants mémoires (dont *la plus grande partie est inédite*) à la fois intimes et politiques s'étendant du 1ᵉʳ janvier 1824 aux journées de juillet 1830. Réflexions sur Walter Scott, Cuvier, les bals de la duchesse de Berry. Soirée chez Guizot. Lutte de Villèle contre Chateaubriand. Dessous du coup d'État du Brésil. Intrigues politiques du duc Decazes. Séjour à Londres ; très intéressant tableau de la vie anglaise, de la politique ; hommes d'État anglais ; leurs défauts. Derby d'Epsom ; cravates des dandies. Révolution de 1830 et ses dessous politiques ; coup d'État, mensonges du Ministère, insurrection et son contre-coup à Saint-Cloud, etc., etc.

157. — SAMAIN (Albert), poète, né à Lille, 1859, † 1900.

Lettre aut. s. à *Paul Fort.* 1897, 1 p. 1/2 in-12.

« Je vous écris ce petit mot pour vous dire en ami que j'ai vu Coppée aujourd'hui, et que j'ai parlé avec lui de votre livre. Je lui ai dit tout le bien que je pensais sincèrement de vous, tout ce que je sentais de poésie chantante, émue, mélodieuse et jaillissante dans vos Ballades. Allez donc le voir, cela lui fera plaisir, j'en suis sûr, et je ne serais pas étonné qu'il parlât de vous quelqu'un de ces jours prochains dans le *Journal,* ce qui, me semble-t-il, n'aurait pas de quoi vous déplaire. »

158. — SCHWOB (Marcel), homme de lettres et critique, né à Chaville, 1867, † 1905.

LE LATIN MYSTIQUE, article aut. s. sur le livre de Rémy de Gourmont, s. d., 10 pages petit in-4, avec un feuillet d'épreuves du *Latin mystique* ; en un vol. demi-chagrin vert, jans. avec coins.

Très belle critique, parue dans le *Mercure de France.* Parallèle des livres de Gourmont avec le *Là-Bas* de Huysmans, etc. Manuscrit avec nombreuses ratures et remaniements.

159. — SÉVIGNÉ (Marie de Rabutin-Chantal, marquise de), célèbre par ses Lettres, née à Paris, 1626, † 1696.

Lettre aut. n. s. 1/2 page, en post-scriptum à une lettre de la main du marquis de Grignan, signée du chevalier de Grignan. Paris, 20 décembre, ens. 3 p. petit in-4.

LETTRE INÉDITE, ne figurant pas dans l'édition Monmerqué. Elle est adressée au marquis de la Garde. « J'ay bien senty, Monsieur, combien ie vous ayme et vous estime et combien vous mestes cher, et necessaire par lémotion que ma donné la nouvelle de vostre maladie, ie loue dieu de tout mon cœur que vous en soyes sorty, ie vous souhaitte autant de santé qua moy mesme, et vous assure monsieur que vous navez point damye qui soit plus avous que moy. » — Le chevalier lui donne les avis de M. Michaud, médecin : « Quand vous n'aurez plus cette heresipele à la teste, vous devez vous mettre au petit lait, il faut mettre de l'humidité dans vostre corps. »

160. — STAEL-HOLSTEIN (Anne-Louise Necker, baronne de), femme de lettres, née en 1766, † 1817.

Deux lettres autographes adressées au citoyen *Barras* avec suscriptions, dont une avec et l'autre sans signature ; ens. 2 p. in-16.

« Faites-moi dire à quelle heure je pourrais avoir cet extrême plaisir (de vous voir) sans vous importuner... Donnez-moi à dîner demain pour que je vous dise à mon aise combien je vous regrette. »

161. — STENDHAL (Henri Beyle, dit), célèbre romancier, né à Grenoble en 1783, † 1842.

L. aut. signée (d'un de ses pseudonymes *L. Roux*) à Mme Pauline Periès, le 19 avril (1813). 1 p. in-4, avec suscription.

Très belle lettre : « Je pars, ma chère amie, bien contre mon gré. Pousse l'affaire de la B. J'ai fait usage de ton excellent conseil. Quand nous reverrons-nous ? Écris-moi (en affranchissant) sous le couvert de M. Maréchal du Carousel *(sic)*, à Paris etc. »

Lettre reproduite en entier avec la signature L. Roux, dans le livre : *Lettres à Pauline* (p. 136). *La Connaissance*, 1921.

162. — **SUARÈS** (André), écrivain.

a) STEPHANE MALLARMÉ, « pour l'anniversaire de sa mort il y a 25 ans ». — Manuscrit aut. s. 12 p. in-4 sur feuillets séparés ayant servi à l'impression.

b) ANATOLE FRANCE. — Epreuves d'un article écrit au moment du décès du grand romancier ; 4 grands feuillets avec corrections autogr. (de fortes taches d'encre au premier feuillet).

163. — **SUE** (Eugène), romancier, né à Paris, 1804, † 1857.

15 LETTRES aut. s., à Louis Desnoyers et à Tillot, 1853-1885 ; ens. 20 pages in-8 et in-12.

Lettres littéraires fort intéressantes. Il réclame les épreuves du *Fils de Famille* : « M. Manet a écrit à Cadot qui composera sur mon manuscrit ; je le préfère de beaucoup parce que mes yeux seront moins fatigués que par la correction sur la justification du *Siècle*... Je changerai le nom du château en Georgnie, ou autre... Je voudrais aussi revoir avant mon départ *La Gourmandise* (de la série des *sept péchés capitaux*). J'ai autorisé le *Patriote savoisien*, ce brave journal démocratique du pays, à reproduire *La Famille Jouffroy*... »

164. — **TAGLIONI** (Maria), célèbre danseuse, née à Stockholm en 1804, † 1884.

16 lettres aut. s., à *Paul Foucher.* Paris, 1859-1871, ens. 24 pages in-8 et in-12.

Remerciments pour articles publiés sur elle. Demandes de places de théâtre. Condoléances au sujet de la mort de Mme Hugo. « Vous m'avez habituée à vous voir à mes petites réunions du jeudi ; c'est une très bonne habitude que je ne veux pas perdre ; votre absence a été remarquée par tous ceux qui étaient chez moi hier au soir. »

165. — **TAILHADE** (Laurent), poète, né à Lannemezan (Hautes-Pyrénées), en 1859, † 1919.

109 LETTRES aut. s. *à sa mère* (quelques-unes à ses parents), 1865-1909 ; ens. 500 pages environ in-8 et in-12 ; la plupart avec enveloppes. Le tout relié sur onglets en deux albums demi-chagrin avec coins.

Remarquable collection de lettres qui permet de suivre, année par année, les rapports que Laurent Tailhade eut avec sa mère, depuis ses années de collège jusqu'à la mort de celle-ci. La première de ces lettres n'est pas datée ; mais le cachet post.d de l'enveloppe porte 1865 ; le poète avait alors un peu plus de six ans ; elle est adressée d'un petit pensionnat de Tarbes, qui n'est pas nommé et où il passa quelque temps avant d'aller au collège Sainte-Marie de Toulouse. « Je viens de finir mes devoirs qui ont duré deux heures juste. J'avais une fade analyse et une

insipide version. La lettre d'avis n'est pas venue ; M Eugène Leccompte se fiche de toi, mon
cher papa, comme tu me le disais très élégamment samedi. J'ai été au catéchisme et j'ai répondu
d'une manière parfaite... Votre enfan *(sic)* chéri vous envoie un milion *(sic)* de baisers. » —
1867 : « Quoique j'ai eu de bien bonnes notes, je m'ennuie toujours de plus en plus au collège. »
— 1868 : « J'espère qu'à partir de maintenant je ne mériterai plus de reproches : j'étudierai
bien mes leçons. Je suis tout changé depuis hier ; ce qu'auparavant je trouvais injuste et mauvais me paraît juste et bon. » — 1874. Demande de conseils pour des vers. « Je ne trouve guère
d'autre mot que le verbe « quitter » dans la phrase en question ; aussi l'ai-je encore remaniée
et changée pour le quatrain que voici :

> *Car ma dernière nuit a sonné sur la terre*
> *Comme un soldat bleu qui dort loin du combat*
> *Mon vieux corps, consacré pour le dernier mystère*
> *Va s'étendre à jamais le long du dur grabat.*

Ce n'est pas fort si tu veux, mais décidément la veine est tarie en moi et je crois que plus rien
ne pourra la rouvrir. » — 1898. « Pour ne pas augmenter, même d'une bagatelle, tes déplaisirs
actuels, je n'écrirai pas l'article sur Zola. Au fond, cela m'est bien égal, et je me tamponne le
coquillard de ce romancier éléphantesque. As-tu reçu ma dernière chronique sur Verlaine ?
Je crains, malgré la sincérité de mon enthousiasme, n'avoir pas dit tout ce qu'il faut ; je crois
cependant que la chose a plu aux gens qui s'amusent à lire ces calembredaines-là. Au fond, je
tâtonne encore et ne suis pas sûr de moi dans ce métier nouveau de chroniqueur. Cela me met
dans une grande et sincère détresse. » — « Mon entrée à la *Dépêche* (de Toulouse) est chose faite ;
je pense aux conditions suivantes : trois articles par mois (les 1ᵉʳ, 10 et 20) pour 300 fr. Je suis
ce soir en smocking, et t'écris après une assomante représentation de *Don Juan* (quel mufle,
ce Mozart !). » — « Hier c'était le dernier samedi de Heredia qui m'a reçu tout à fait en ami.
Ledrain, vu ce matin, a fait passer comme une lettre à la poste ma *Terre Latine* chez Lemerre.
Il me fait une préface (pas Lemerre, Ledrain) qui, à elle seule, assure la vente. » 1902. « La stu-
pidité des gens est admirable, toujours debout, toujours bien au delà des plus farouches prévisions. Catholiques, juifs, maçons, anarchistes, protestants, c'est le troupeau des mufles qui
passe avec une odeur plus nauséabonde que celle des chèvres en été. »

166. — **TAILHADE** (Laurent).

35 LETTRES aut. s. *à sa femme* ; 1904-1907 ; ens. 150 pages environ, in-8 et
in-12, la plupart avec enveloppes ; le tout relié sur onglets en un album demi-
chagrin avec coins ; reliure semblable à celles du nᵒ précédent.

Lettres du plus haut intérêt contenant beaucoup de détails sur la littérature en général et
sur les œuvres du poète. « Ma chronique me houspille cruellement. Tu es vraiment trop indul-
gente de trouver cela bien. Il est certain que si le mérite se mesure à l'effort, je n'écris pour Jaurès
que des chefs-d'œuvre ! Mais il est insupportable d'avoir tout un catalogue de choses que l'on
ne peut dire. Comment va le Tigre ? sa diarrhée a-t-elle disparu ? » — « Ma situation à l'*Humanité* ne me semble pas brillante. Jaurès d'ailleurs, vaniteux comme un ténor ou comme une
jolie femme, ne me pardonnera pas les insultes de Fernand. J'écrirai tout de suite mon Balzac,
mon poème, et la préface des *Roseaux*. Puis je retournerai en septembre écrire à tes côtés, ma sainte
Thérèse, que je vois assez magnifique, pour peu que je ne rate pas ce que je brûle de réaliser,
et je pense bien que Fasquelle à qui j'écris ce soir un amour de billet, m'aura dès mercredi matin
fait tenir quelques sous. » — « Aujourd'hui mon Balzac n'a pas marché ; j'en ai fait neuf pages 1/2,
or, il m'en faut de 16 à 18. Ce travail me pue au nez. Il y a des choses très bien dans mon papier
une phrase tendre à la mémoire de Zola, puis un couplet sur les hernaniens qui plaira sans doute
à la tribu de Lemerre. Je suis exactement au passage le plus dur, le tableau de la littérature
au moment où Balzac s'est fait connaître. » — « Comment trouves-tu l'historiette des Caillaux ?

Cela me paraît tout à fait rafraîchissant. Mais on aurait dû les écharper. » — « Je parle décidément après-demain à l'hôtel Ruhl. Je ne sens pas mon discours et crains un horrible fiasco. J'ai cependant une fin assez jolie : la reine des Belges, artiste et bonne, jouant du violon pour le peintre aveugle Laermann. Et je la montre jouant toujours du violon sur les ruines du pays qu'elle a fait sien jusqu'au temps où se lèvera un jour nouveau. »

167. — TALLIEN (Thérèse Cabarrus, dame Devin de Fontenay, puis Mme), ensuite comtesse de Caraman et princesse de Chimay, surnommée Notre-Dame de Thermidor, née à Saragosse en 1775, † 1835.

Lettre aut. signée (Th. Cabarrus de Caraman). Chimay, 1806, 2 p. 1/2 in-4.

On y a joint 5 portraits en simili, et deux fac-simile d'autographes.

« Je crois que nous allons faire un petit voyage à Bruxelles et à Anvers, mais nous n'avons que le strict nécessaire. J'ai besoin de 1.500 fr. ici et de 1.500 fr. au moins en arrivant à Paris. Cette dernière somme sera employée au trimestre des gens. Il est encore question d'un voyage en Espagne pour cet hiver par économie ; excepté les frais de route, en nous mettant en pension chez mes parents pendant six mois, nous économiserions beaucoup. On m'a écrit que M. Seguin a fait élever une terrasse le long du mur mitoyen, ce qui doit le dégrader. Comme les loix sont formelles sur les droits de mitoyenneté, je prie Monsieur d'exiger que la terrasse soit démolie. Les tableaux de Robert sont-ils vendus ? »

168. — TALMA (François-Joseph), tragédien, né à Paris en 1763, † 1826.

Trois lettres autographes, dont deux signées (T), à sa femme. S. d. (1821), ens. 10 pages in-4, et deux suscriptions. Une des lettres contient 6 lignes aut. s. de Jules Talma, son fils.

Précieuses lettres, remplies de détails intimes, de la plus haute importance pour la biographie de Talma. « J'ai joué hier *Hamlet* pour mon début (à Rouen). Ma chère amie ! il y avait un monde épouvantable. Tout s'est passé à merveille et j'ai eu le succès accoutumé, malgré le tapage, le bruit, les cris de tout ce monde, les gaucheries des acteurs, la chaleur horrible. » Discussion des termes de son contrat à Rouen : « Je crois qu'il faudrait m'entendre avec Mars ; je ne puis pas m'engager à jouer dix fois par mois, cela est impossible. » Détails sur ses enfants : « Dans ce moment, Jules me demande à t'écrire ; je lui passe la plume ; il me demandait tout à l'heure un cheval à bascule ; je lui disais que cela coûtoit trop cher, et Paul lui a dit : « Oh ! je savois bien qu'il alloit répondre comme ça. »

169. — TALMA (François-Joseph).

Lettre aut. n. s. à Mme Bazire. Bordeaux, 1813, 4 pages in-4, avec suscription ; très légère déchirure au cachet.

Lettre extrêmement curieuse, remplie de sentiments de tendresse et de jalousie, avec des détails fort intimes. « Je joue tous les deux jours, et je ne me distrais que par la fatigue. C'est un triste remède. Et toi, chère amie, t'ai-je fait, oui ou non, quelque sottise ? Monsieur Cl. est-il arrivé à Paris ? mon amie, je frémis de l'apprendre ; mon inquiétude est trop forte ; il y a de quoi mourir, je t'assure ; je me consume, je me tue ici à force de terreurs de cette nature. Si je n'avais à craindre que toi, mon amie ! La confiance que tu m'inspires, la douceur et la bonté de ton caractère suffiroient à me calmer ! Mais les rapports qui existent entre vous deux, cet enfant qui peut faire pencher vers lui tes déterminations, toutes ces réflexions me mettent dans un véritable enfer. »

170. — **TELLIER** (Jules), poète, né au Havre en 1863, † 1889.

LA CITÉ INTÉRIEURE. Quinze poèmes aut. signés, 1881-1889. 27 pages in-4. (*Très rare*).

Sur le titre, inscription au crayon, d'une main étrangère : *Seules poésies devant être publiées.* Ce précieux manuscrit est composé de poèmes écrits à diverses époques, et sur des papiers différents. Parmi les principaux : *La nuit tombait, Le Rêve d'Achille, De toutes parts s'étend la plaine, Les amoureux souvent dupés, Un dictionnaire, Le Lac divin, Trésors,* etc., etc.

171. — **TINAN** (Jean de), romancier et critique, (1869, † 1895).

PENSES-TU RÉUSSIR ! Premières épreuves typographiques, pour l'édition de 1897, avec très nombreuses corrections autographes ; titre, faux-titre, justification du tirage et épigraphe entièrement autographes, 280 feuillets imprimés et 4 pages manuscrites. Couverture avec dédicace aut. s. à Pierre Louÿs, le tout relié en un vol. in-4, demi-bradel maroquin vert janséniste, avec coins.

Superbe pièce. Sur la couverture : « Première épreuves, pour la collection de Pierre Louÿs, J. de T. mai 97. »

172. — **TOULET** (Paul-Jean), romancier ; né à Pau en 1867.]

L. a. s. à un ami. Pau, 5 janvier 1899, 3 p. 1/2 in-12.

Superbe lettre, du plus grand intérêt, relative à ses œuvres. « Bonne année, joie et santé, et galette, et gloire, je voudrais que vous ayez tout cela et plus encore... Je serais très curieux d'avoir l'opinion de Barrès. Vous ne me dites rien d' « Also sprach Zarathustra »... Certainement, j'aimerais mieux faire les corrections du *Dieu Pan*... Je tremble pour notre pauvre Côte d'or. Tinan en moins et des Juifs en plus c'est beaucoup pour ma mémoire et pour mes nerfs. Je commence à m'impatienter un peu. La dèche est une maîtresse bien chlorotique. Heureusement qu'il y en a d'autres dont une qui vient d'entrer me forcer à abréger ma lettre. »

173. — **TOURGUENEV** (Ivan-Sergevitch Ivanovitch, dit Ivan), ou Tourguenieff, romancier, né en 1818, † 1883.

Lettre a. s. (en français), à une princesse. Spasskoié, 1852, 4 pages in-8.

Superbe lettre dans laquelle il s'étend longuement sur sa santé : « Ma gastrite a repris de plus belle, j'ai des frissons, des palpitations de cœur, des crampes toutes les nuits ; je me suis mis à prendre des pilules que m'a prescrites le Dr Roger, de Paris. » — Détails sur sa correspondance avec Mme Viardot. — Appréciations peu flatteuses sur Mme Kalerdji qui, à Paris, « était toute amoureuse, *innamorata morta,* du général Cavaignac... A propos, ne pourriez-vous pas demander au comte Tolstoy... mais c'est une question bien délicate... l'adresse d'une certaine Mme Muller, née Bachmetieff, qui habite la province, du côté de Kiazan, je crois. Il paraît que Tolstoy en est très amoureux. Je voudrais entamer une correspondance avec elle. Je crois vous avoir raconté la manière dont j'ai fait sa connaissance, à un bal masqué. Si elle a autant d'esprit sur le papier que de vive voix, ses lettres doivent être intéressantes, mais je conviens qu'il vous est impossible de demander ce renseignement au comte. »

174. — **VALÉRY** (Paul), poète et homme de lettres ; de l'Académie française.

LA JEUNE PARQUE. Fragment important du commencement de cet ouvrage. 8 pages in-8 *autographes*, en feuilles séparées.

Manuscrit d'un intérêt tout particulier, à cause des différences importantes qu'il présente avec le texte publié. Des strophes entières sont modifiées, ou supprimées, d'autres ont été ajoutées, etc.

175. — **VALÉRY** (Paul).

Lettre aut. s. (*Pa. Val.*). S. l. n. d., 4 p. in-8, ornée d'un *dessin à la plume.*

Superbe lettre terminée par 16 vers libres. Dessin représentant *Amfortas dans Par. ifal.* « Ah ! que de fois ce rêve de nous emparer du mont Saint-Michel m'était venu afin d'y consacrer un Grâl nouveau et d'y purifier les douleurs dès lors adorées de l'enfantement. Un jour l'un en descendra, vrai Lohengrin, appuyé sur de justes armes. Puis revenir de nuit là-haut, au Montsalvat. Mais n'est-ce pas Xristos ? Lohengrin plus beau que Parsifal. Ah ! nous sommes des parcelles du corps divin émiettées dans le grand Calice... »

176. — **VALÉRY** (Paul).

Deux lettres aut. s. Paris, s. d. (vers 1899), ens. 7 p. in-12.

Très importantes lettres au sujet de la publication des poésies de STÉPHANE MALLARMÉ par l'éditeur Deman. « Ce dernier a, paraît-il, acheté à vil prix comme il sied, — le droit de faire cette publication. L'éditeur, nous le craignons, se livrera à diverses fantaisies autour de textes précieux, et nous cherchons actuellement le moyen de limiter, autant que possible, son pouvoir dans ce domaine. J'en ai vu et un peu corrigé les épreuves ; j'ai été surpris de l'ordre adopté pour le classement des poèmes ; enfin, il y a sûrement des lacunes. Les dames Mallarmé désirent vous entretenir au sujet de cette édition ; elles sont dans l'ignorance de la vraie étendue des droits de M. Deman sur les vers de Mallarmé. »

177. — **VAUGELAS** (Claude Favre de), illustre grammairien, 1585, † 1650.

Lettre aut. s. à « Monsieur *d'Hozier*, gentilhomme ordinaire de la Chambre du Roy, en Court ». Grand, « à la haste », 17 mai 1630, une page in-f°, avec suscription ; curieux petits sceaux recouvrant des mèches de cheveux. (*Très rare*).

Superbe pièce. « J'ay receu la lettre que vous m'avez fait l'honneur de m'escrire de Guigne la putain, dont je vous remercie de tout mon cœur aussi bien que de la peine que vous avez prise de venir à mon logis pour me dire adieu. Je vous supplie de croire que vous n'obligerez jamais personne qui en ayt plus de resentir que moy... surtout nous ferons sçavoir, si nous le jugeons à propos, que vous avez passé une nuit presque entiere pour avoir l'honneur de faire la reverence à Monsieur... M. de Reynes, qui est passionément votre serviteur, n'a point receu la lettre de M. de Puylorens... Monsieur le Marquis de Gluser me fit l'honneur de m'offrir à Troye sa protection pour tous les miens... »

Cette lettre est écrite avec la remarquable pureté de langage qui caractérise toutes les œuvres de cet écrivain.

178. — **VERHAEREN** (Emile), poète belge, né à Saint-Amand (Belgique), 1855, † à Rouen, 1916.

PRÉFACE (pour la *Chanson des Mendiants* de Louis Merlet). Saint-Cloud, 1902, ms. aut. s., 6 pages petit in-4, remontées.

Paris le 30 X^bre 84.

Cher ami, Quid de te ? Combien you would be an actual angel to come to me and have a talk about not only the 900 of the man with the scutcheons but the 1500 of the Reverend S. Bring, please, some perusal, French or English poets preferred.

I wish you a good year, a good health and a good plenty of good things.

Yours most friendly.

P. V.

— from 1 to 3, Thursdays and Sundays. Be early and come oftentimes.

VERLAINE (Paul). — N° 180 du Catalogue.

Pièce paraissant inédite. « Voilà un livre sorti lyrique et triste d'une belle conscience moderne. Ce n'est guère un plaidoyer. C'est un poème ardent, tumultueux, enflammé. »

179. — VERHAEREN (Emile).

TOUTE LA FLANDRE : LES TENDRESSES PREMIÈRES. *a)* Exemplaire en épreuves troisièmes, avec quelques corrections et bon à tirer signé, pour l'édition Deman. Bruxelles, 1904, 100 p. in-8, avec couverture, essais de titres, etc. *b)* Exemplaire en tierce de la même édition, pour mise au point de la décoration ; clichés et culs-de-lampe contrecollés. — Les deux exemplaires dans un vol. demi-mar. avec coins.

180. — VERLAINE (Paul), poète, né à Metz, 1844, † 1896.

Carte postale a. s. (à Emile Le Brun) (EN ANGLAIS). Paris, 1887, une p. in-12.

Les lettres en anglais de P. Verlaine sont très rares. « Cher ami, Quid de te ? Combien you would be an actual angel to come to me and have a talk about not only the 900 of the man with the scutcheons, but the 1.500 of the Reverend S. Bring... » On y a joint une traduction française.

181. — VERLAINE (Paul).

L. a. s. à M. Bonnamour. Aix-les-Bains, 1889, une p. in-4.

Belle lettre. « Cazals m'apprend que la *Plume* a publié une note annonçant la publication de vers anciens à lui dédiés (une assez longue pièce) dans une revue qu'il ignore. Seriez-vous assez aimable pour lui envoyer cette revue, et à moi,... et me dire si elle paie ? » Il demande également « si la *Plume* paierait une étude sur Victor Hugo, à propos de son dernier volume posthume ».

182. — VERLAINE (Paul).

LE DIABLE. Manuscrit aut. s. Août 1891, 6 pages in-8, relié en un vol. demi-bradel maroquin jans., avec coins.

Curieuse étude sur le satanisme et la littérature de Huysmans.

183. — VERLAINE (Paul).

A QUI DE DROIT. — *Sonnet* autographe n. s. 1 p. in-8 sur papier d'hôpital.

> *Rompons ! ce que j'ai dit je ne le reprends pas*
> *Puisque je le pensai c'est donc que c'était vrai,*
> *Je le garderai jusqu'au jour où je mourrai,*
> *Total, intégral, pur, en dépit des combats, etc.*

184. — VERLAINE (Paul).

MÉDAILLON EN BRONZE, forme ovale, mesurant 26 cm. × 24 cm., en relief, exécuté par le sculpteur F. Charpentier. Edité à *trois exemplaires* seulement.

Superbe portrait de Verlaine, coulé d'après cire perdue. Dédicace gravée. Pièce rare et très peu connue.

185. — VERLAINE (Paul).

L'ABBÉ ANNE. Manuscrit a. s. 8 p. in-8 et in-12 ayant servi à l'impression ; feuillets montés sur papier blanc, reliés en un volume in-8 demi-chagrin, avec coins, première page écrite à l'encre rouge.

186. — VIGNY (Alfred, comte de), poète et romancier, 1797, † 1863.

L. a. s. à *Victor Hugo* (22 octobre 1829). 2 p. in-8 (petite tache).

Belle lettre dans laquelle il l'invite à une répétition générale (du *More de Venise* ?). « Si vous pouvez venir, vous savez tout le plaisir que j'aurai à vous voir. Vous apprendrez à connaître les troupes que je viens de faire manœuvrer pendant deux mois et dont je vais samedi vous remettre le commandement... Voici des billets car on n'entre pas sans cela. La forme ! la forme ! »

187. — VIGNY (Alfred de).

ÉLÉVATION par M. le Comte Alfred de Vigny, Paris, Gosselin, 1831 (Impr. Cosson), in-8 couverture ; *extrêmement rare*.

Sur le faux-titre DÉDICACE AUTOG. SIGNÉE : « *à M. Brizeux, témoignage d'une estime profonde et d'une amitié sincère.* »

188. — VILLIERS DE L'ISLE-ADAM (Auguste, Comte de), célèbre écrivain, né à Saint-Brieuc, 1840, † 1889.

SEPT LETTRES aut. s. dont 6 adressées à l'éditeur Deman, à Bruxelles, et une à « mon cher poète » (Verhaeren), 1888, ens. 16 pages de divers formats, et une lettre de STÉPHANE MALLARMÉ, 1889, 2 p. in-12.

Lettres d'un grand intérêt littéraire, révélant les transactions au sujet de l'édition des œuvres

Auber
Rossini
Adagio
8p
riten: | a tempo
Roméo et Juliette Symphonie avec chœurs
H. Berlioz

de l'auteur des *Contes cruels*, et la triste situation dans laquelle il s'est trouvé peu de temps avant sa mort. « J'ai reçu la somme de 300 francs sur cet ouvrage que je m'engage à vous livrer. Au cas où vous verriez une difficulté, je vous rembourserai sur l'heure par délégations à vue sur mes journaux de Paris. — Je suis allé pour la sixième fois chez mon éditeur ici, ne voulant vous écrire qu'en vous adressant en même temps la lettre permettant d'imprimer 5 des nouvelles choisies dans les *Contes cruels* qui sont sa propriété. Vous savez qu'il m'en a payé la propriété 375 francs il y a 8 ans. Il n'a pas fait une mauvaise affaire. »

« Notre pauvre ami — dit MALLARMÉ dans sa lettre à Deman et Verhaeren — traverse une crise, maladies, soucis, d'une durée incertaine ; nous voudrions la lui adoucir. S'engager à 5 francs chaque mois paraît le moyen simple ». *On y a joint* 2 lettres adressées à Villiers de l'Isle-Adam.

189. — ROSSINI, BERLIOZ, AUBER, CARAFA.

QUATRE AUTOGRAPHES SIGNÉS, réunis sur une page d'un feuillet d'album ; pièce remarquable. ROSSINI, une ligne pour piano. — BERLIOZ, une ligne pour piano, réduction d'une phrase de l'adagio de *Roméo et Juliette*, symphonie avec chœur. — AUBER, une ligne pour piano. — CARAFA DE COLOBRANO (Michel-Henri), compositeur, né à Naples, 1787-1872, membre de l'Institut, directeur du Gymnase musical militaire à Paris ; une ligne pour chant, texte italien. Une page in-8, oblong, montée sous vers, forme chevalet.

Réunion fort rare sur la même page des autographes des quatre grands compositeurs des écoles française et italienne du XIXᵉ siècle. VOIR REPRODUCTION, PAGE 64.

190. — WAGNER (Richard), le célèbre compositeur allemand.

BAYREUTHER FESTBLAETTER, IN WORT UND BILD (album des fêtes de Bayreuth). Munchen, 1886, in-fol., demi-mar. avec coins. — Ouvrage orné de nombreuses illustrations, et contenant des articles de Richard Pohl, Lud. Schemann, Julius Hey, Nuitter, Judith Gautier, Ad. Jullien, Kufferath, etc., etc., en allemand, français, anglais, espagnol, etc. Dédicace de L. de Montgomery. Bel exemplaire (légère déchirure à un feuillet).

On a intercalé dans le volume les pièces suivantes (toutes en allemand) :

a) Une l. a. s. de *Richard Wagner*. Lucerne, 6 février 1865, à Siebert, 2 p. in-8.

Belle lettre, en partie humoristique. Il confirme à S. qu'il accepte de devenir le parrain de son enfant, et le prie d'inscrire son nom parmi ceux des parrains. A propos de ses droits d'auteur, il dit que la Hollande ne lui a jamais rien payé, que Chemnitz a acquis depuis longtemps le droit de représenter *Tannhäuser*, etc.

b) Reçu s. de *Richard Wagner*, de 186 florins. Bayreuth, 1874.

c) Une l. s. de Mme *Cosima Wagner* (femme de Wagner et fille de Liszt), à la princesse Wilhelm de Saxe-Weimar. Bayreuth, 1904, 3 p. in-8.

d) Une l. a. s. de *Siegfried Wagner* (fils de R. W.), à la maison Schott, de Mayence. Bayreuth, 1894, 2 p. in-8.

e) Une l. a. s. d'*Eva Wagner* (fille de R. W.), 1891, 1 p. in-12.

f) Un portrait gravé de *R. Wagner*.

g) Feuillet d'album a. s. de Johanna Wagner (nièce de R. W.).

PUBLICATIONS SUR LES AUTOGRAPHES

191. — **BOVET.** (Catalogues de la Collection d'autographes de M. Alfred). Paris, 1884-1885, 3 vol. débr. (petite déchirure à la couverture du tome I) ; l'intérieur en état de neuf.

Superbe collection composée de 3.976 numéros, ornée de très nombreuses reproductions de signatures et de placards hors et dans le texte. Excellent état.

192. — **L'AUTOGRAPHE.** Albums composés de fac-similés d'autographes, portraits, dessins des célébrités en tous genres du moment ; 4 volumes in-f° oblong, tout ce qui a paru ; beaux exemplaires. Années 1864 et 1865, 2 vol. cartonnés. Années 1870-1871, 2 vol. demi-chag., plats toiles, beaux fac-similés.

On y a joint : *Paris-Murcie*, 1879. Grand album avec nombreux fac-similés. Ensemble, 5 volumes.

193. — **CYRILLE** (François). *Autographes de Savants et d'artistes*, de connus et d'inconnus, vivants et de morts. 1853. 2 vol. in-12 br. — **LESCURE** (A. de). *Les Autographes et le goût des Autographes.* 1865, in-8, demi-chagr. (Le titre manque). Ensemble, 2 volumes.

194. **LE NOUVEAU SECRÉTAIRE DE LA COUR** contenant le Cérémonial des Lettres ; les inscriptions, souscriptions et suscriptions, etc. Amsterdam, 1773, in-12, veau, 655 pages, reliure usagée. — LE SPECTACLE DE LA NATURE, tome VII. Paris, 1746, in-12, veau, reliure usagée ; contient le chapitre : la *Paléographie française*, pages 189 à 259, avec 11 planches d'écriture ancienne. Ensemble, 2 vol. — **VALLAIN** (G.-P.). *Traité sur la preuve par comparaison d'écritures.* Paris, 1761, 228 pages, relié avec *Lettres à M. de...*, sur l'art d'écrire du même auteur. Paris, 1760, 170 pages. Ensemble, 3 volumes.

195. — **DOM DE VAINES.** *Dictionnaire raisonné de diplomatique* contenant les règles principales pour servir à déchiffrer les anciens titres, diplômes, etc. Paris, 1774, 2 vol. in-8, veau (légère différence entre les fers,) ens. 970 pages avec très nombreuses planches d'écritures.

196. — **CASSIN.** *Choix de morceaux fac-simile..* Paris, 1853, cart., 240 pages avec 78 fac-simile. (*Rare*). — **ASSELINEAU** (Ch.). *Mélanges curieux et anecdotiques* tirés d'une collection de Lettres autographes. 1861, in-8 br., 504 pages. **COMETTANT** (O.). *Un nid d'autographes.* 1886, in-8 br.

ABBEVILLE. — IMPRIMERIE F. PAILLART. — 10-5-26